面接の服装例（女子）

　白や紺，グレーなどの清潔感のある服装で統一し，華美なものにならないようにしましょう。体温調節のために着脱しやすい上着を用意し，スカートは膝が隠れるくらいの丈に。髪が長い場合は，お辞儀で髪が顔にかからないようにゴムなどでまとめましょう。室内履きが必要かどうかの確認も忘れずに。

 # 面接の服装例（男子）

　白シャツに紺やグレーなどダーク系のブレザー，セーターなどで，華美でないものに。ジャケットで筆記試験に集中できない場合は，面接直前に着替えましょう。また，前髪が目にかかると面接に集中できないので注意してください。室内履きが必要かどうかも確認しましょう。

 # 面接の服装例（保護者）

　家族で統一感がある服装に。女性はスーツか，ワンピースとジャケットの組み合わせで，華美な装飾は避けましょう。男性はスーツにシンプルなネクタイで。配布書類などに備えて大きめの鞄があると便利です。室内履きなどが必要かどうかも確認しておきましょう。

実際の面接のようす

ここからは，一般的（いっぱん）な面接の流れと注意点を見ていきます。控え室（ひか）での過ごし方や入退室の様子，話し方・聞き方なども見られるので，事前に確認してから本番に臨みましょう。

控え室での過ごし方

控え室では，ほおづえをついたり，居眠りやおしゃべりをしたりせずに，**姿勢をよくして**静かに待ちましょう。

次だ!!

監督（かんとく）の先生や係の人の指示に従い，**自分の名前や受験番号**が呼ばれる順番に注意しましょう。

受験番号○番
○○○○さん

トイレに行くときや体調が悪いときは，**だまって手をあげて**監督の先生などに伝えましょう。

面接に向かう前に，**服装や髪が乱れていないか**，もう一度確認しましょう。

名前を呼ばれたら「はい」と返事をして面接室に移動します。持ち物などは指示に従いましょう。

ドアが閉まっている場合は，軽くノックします。「どうぞ」と言われたら，「**失礼します**」と言ってから入室します。

ドアを静かに閉めて面接官にお辞儀(じぎ)をします。**腕(うで)はわきにつけて（女子は手を前にそえて）背筋をのばしてお辞儀しましょう。**

席の横まで進み，（受験番号と）名前を言って，面接官にもう一度**お辞儀**をします。

着席をうながされたら「**よろしくお願いします**」などと言い，背筋をのばして深く座ります。手は膝の上に置きましょう。

基本の受け答え

質問にはまず「**はい**」と返事をし，面接官の目を見てはっきり答えましょう。**小さな声や，だまることのないようにしましょう。**

すぐに答えられないときは「**少し考えさせてください**」，聞き取りにくいときは「**もう一度おっしゃってください**」と言いましょう。

わからない質問には「**わかりません**」，言い間違えたときは「**間違えました**」と正直に言いましょう。
（敬語などは23・27ページを参照）

保護者面接の注意点

将来の進路などはあらかじめ家庭内で意見をまとめておき，子供と保護者の意見がくいちがうことのないようにしましょう。

保護者同伴の場合は，**子供への質問には保護者が答えないようにしましょう。**保護者同士はできるだけ均等に話しましょう。

——— グループ面接の注意点 ———

他の人と答えが同じときもあせらずに，どうしてそう思うかを自分の言葉で伝えましょう。

グループ討論では，**他の人の意見をきちんと聞き**，自分と異なる意見でも間違っていると決めつけないようにしましょう。

たとえば…
…のときに

自分の意見を発表するときは，結論だけでなく，**具体例や体験をあげながら**，なぜそう思うかをわかりやすく伝えましょう。

——— プレゼンテーションの注意点 ———

えーと…

何度も練習して，**原稿をできるだけ見ずに**，自分の言葉で話せるようにしておきましょう。

きっかけは…
私はこれを通して…

特技や受賞歴などだけでなく，**選んだ動機や**，それを通して学んだことなどを伝えましょう。

7

退室の方法

面接官に面接の終了を告げられたら，「はい」と言って，静かに立ち上がりましょう。

席の横に立ち，**面接官の顔を見ながら「ありがとうございました」と言い**，その後にお辞儀をします。

出口のところまで歩いたら立ち止まります。**もう一度面接官の方を向いて「失礼します」**と言い，その後にお辞儀をします。

退室したら**ドアを静かに閉めます**。最初からドアが開いている場合は閉める必要はありません。

　以上が，一般的な面接の流れと注意点になります。学校や試験内容によって形式は異なりますが，心がける点は概ね同じです。この後に掲載されているワークシートや質問例なども活用して，しっかりと準備をしていきましょう。

親子でみる 中学受験 面接ブック

声の教育社

もくじ

面接ワークシート（受験生編）

　これは，各学校の面接でよくきかれる質問 11 個を集めたワークシート（準備用シート）です。面接練習をする前に，まずは自分で回答を考えてみましょう。面接で話すときと同じように，敬語を使ってまとめると練習の際に話しやすくなります。

質問1　今日は本校までどうやって来ましたか。

あなたの答え

ヒント 公共交通機関を使って，家から学校までどのような交通手段で来たのかをきかれています。あらかじめ保護者にも確認し，面接に向かう際の電車・バスの路線名や駅名をきき，順序立てて説明できるようにしておきましょう。

質問2　志望理由を教えてください。

あなたの答え

ヒント その学校のどの部分を気に入って受験しようと思ったのかを答えましょう。オープンスクール・文化祭などで感じたことや，学校の設備や制服，特色のある行事などについて話すのも よいでしょう。

質問3　小学校の委員会やクラス係は何を担当しましたか。

あなたの答え

ヒント 何の委員会・係の活動をしていたのか，面接官の先生が具体的にイメージできるように説明しましょう。委員会活動で委員長などの役割を担っていた場合は，それもあわせて説明するとよいでしょう。

質問4　小学校生活での思い出を教えてください。

あなたの答え

ヒント 修学旅行や遠足，運動会などの学校行事について話すのもよいですし，クラスでの活動や先生とのやりとりなどを話すのもよいでしょう。具体的なエピソードを話せるように，日々の学校行事には積極的に参加しましょう。

質問5　家では, どんなお手伝いをしますか。

あなたの答え

ヒント ぜひお家のお手伝いをして，具体的に話せるよう準備をしましょう。「夕飯のお皿を並べる」「ごみ出しをする」「犬の散歩をする」など，少しでもいいので家族の生活に関わっていることを話せるとよいです。

質問6　あなたの長所と短所を教えてください。

あなたの答え

ヒント　なにを話していいかわからない場合は，まずは家族に自分の長所と短所をきいてみましょう。身近な人にきくことによって，客観的に自分を見つめることができます。具体的なエピソードも付け加えられるとよりよいです。

質問7　尊敬している人を教えてください。

あなたの答え

ヒント　歴史上の人物や，家族，先生や友人など，自分が尊敬している人物を答えます。なぜ尊敬しているのかという理由をきちんと話すことが大切です。尊敬するきっかけになった出来事など，具体的なエピソードがあるとよいでしょう。

質問8　最近読んで面白かった本はありますか。

あなたの答え

ヒント　気に入った本があれば，理由もふくめて紹介してください。授業や日ごろの学習で読んだ文章でもよいでしょう。読書の習慣がなくてもあせらずに，気になった文章をふりかえって，面接官の先生に説明できるようにしましょう。

質問9　この学校に入学したら,どんなことをしたいですか。

あなたの答え

 ヒント　気になる部活動や委員会,学校行事などがあれば,それについて話しましょう。例えば,英語教育に力を入れている学校ならば,「英語の勉強を頑張って,英検〜級を取れるようになりたいです。」などと答えるのもよいでしょう。

質問10　将来の夢はありますか。

あなたの答え

ヒント　いま考えていることを素直に話してみましょう。将来の夢がある人は,理由もふくめて話しましょう。将来の夢が決まっていない人は,「中学校生活の中でじっくり考えていきたいです。」というように答えるのもよいでしょう。

質問11　他に受験している学校はありますか。

あなたの答え

ヒント　面接を受けている学校が第一志望ではない場合は,正直に別の学校が第一志望であることを答えることもできます。また,「どの学校も素敵なので,合格してから考えたいと思います。」などと答えるのもよいでしょう。

面接ワークシート（保護者編）

　こちらは，面接で保護者の方によく問われる内容について，回答を事前にまとめるためのシートです。本書をお読みいただいたうえで，面接でお答えになることを整理しておくと，説得力のある回答ができるようになります。ぜひご活用ください。

質問1　本校の志望理由をお聞かせください。

回答

質問2　ご家庭の教育方針をお教えください。

回答

質問3　お子さんはどのような性格ですか。

回答

| 質問4 | お子さんはご家庭で何かお手伝いをしていますか。 |

回答

| 質問5 | お子さんを将来どのような方向へ進ませたいですか。 |

回答

| 質問6 | 入学後, 本校に期待されることは何でしょうか。 |

回答

| 質問7 | 本校以外に受験した学校はありますか。 |

回答

親子で行う

面接準備

のすべて

保護者出席の学校説明会

進学塾(じゅく)のテストを受ける人もいます。

　よく調べ，納得(なっとく)のうえで志望校を選ぶ。親子で話し合う。こんなことも面接に役立つ，と言ったら意外ですか？　でも本当に，準備といっても常識的なことばかりです。

前日までに しておきたいこと

志望校の下見は，必ずしておく

　学校訪問や説明会などで，すでに志望校へ行ったことがあるという人も多いでしょう。しかし，試験当日にそなえた下見となると，チェックポイントがちがってきます。

　自宅から志望校までの交通機関・経路・所要時間を実際に確かめることが必要ですが，そのときのポイントをあげてみましょう。

- 当日の時間帯に合わせた下見をする。
- ラッシュの程度を調べておく。

　　（混雑がはげしいと，ＩＣカードへのチャージや乗り降りなどにも時間がかかる）

- 乗りかえをする場合，出入りする改札口・乗りかえ時間を確かめる。

　　（駅によっては改札口がいくつもあったり，乗りかえ通路が長く複雑ということもある）

- もっともスムーズに行ける経路・所要時間を確認し，メモしておく。

　　（面接時に経路や時間を質問されるかもしれない）

- 学校の内外を見知っておき，迷わず試験会場へ行けるようにしておく。付近にある，目印となるような建物なども知っておくと，いざというときに助かる。

願書の控えをチェック

　入学案内・入試要項をよく読んでおくことはもちろんですが，志望校に提出した書類の控え（コピーをとっておく）を見て，面接時に書類内容と応答がくいちがうことのないようにします。

■チェックしてみましょう

面接日時：　　　　月　　　日

　　　　午前・午後　　　時　　　分

場所：

| 交通経路と所要時間 |

自宅（　　　時　　　分出発）

↓

　　　［　　　分］

↓

※利用交通機関と所要時間を書きこみます。乗りかえの方法・時間も書きます。

↓

　　　［　　　分］

↓

学校（　　　時　　　分到着）

※志望校別にチェックし，メモしましょう。

前日・前夜の カンペキ準備

持ち物と服の用意

　必要なものは，早めに準備するにこしたことはありません。あわてないよう，遅くとも前日には用意しましょう。

用意した服を，１度着てみる

　服を着て，鏡の前で点検してみましょう。

　服のサイズは合っていますか。きつい服，大きすぎる服は不快で，試験にもひびいてしまいます。

　ほころびや，ボタン・スナップのとれかかったところはありませんか。あればすぐに直すこと。

　必要ならアイロンがけも。えり・そで口・ズボンの折り目・スカートのひだなどに注意してください。

　下着・靴下・靴などもすべてそろえ，靴はみがいておきます。当日が雨（ことによっては雪）ということも考えられます。天気予報を見ながら，かさ・レインコート・雨靴・上ばき・靴下の予備なども用意します。

リストで持ち物総チェック

　持ち物リストを作っておき，それにそってすべてのものを用意し，１か所にまとめておきます。右のチェックリストを参照し，必ず確認してください。

早めに，おやすみなさい

　早々に入浴し，髪も洗ってさっぱりしましょう。爪も切っておくこと。なかなか寝つけないかもしれませんが，横になるだけでも体はやすまります。

■チェックしてみましょう

※必要なものをリストに書き入れ，用意できたものは印をつけてチェックしましょう。

■書類・筆記用具	
受験票	
入試要項・入学案内	
その他の書類（　　　　　）	
（　　　　　）	
メモ用紙	
指定された筆記用具	
（　　　　　）	
（　　　　　）	
（　　　　　）	
（　　　　　）	
（　　　　　）	
■身のまわりの品	
ハンカチ	
ティッシュ	
お金（交通費ほか）	
上ばき	
時計	
雨具	
昼食	
受験校の連絡先メモ	
交通経路・所要時間メモ	
（　　　　　）	
（　　　　　）	
（　　　　　）	

当日の朝
気をつけること

なにより余裕をもって

　時間的余裕を考えて，早めに起床します。当日の服装・みだしなみのチェックは，鏡の前で念入りに行うほか，ご両親にも見てもらい，他人の目からどう映るか確認しましょう。

30分前到着のつもりで出発

　試験場には，指定時刻の30分ぐらい前に着くつもりで，早めに家を出ます。とくにバスや電車の混雑ぐあいによっては，思った以上に時間のかかることも考えられます。こんなことで気持ちの余裕を失ったりしてはいけませんね。時間のゆとりは気持ちのゆとりにつながります。そのための"30分前到着"です。

会場ですること・できること

掲示板・掲示物に注目

学校に到着したら，まず掲示物をよく見てください。もうすでに，わかっていることが多いはずですが，学校によっては筆記試験と面接試験の場所や日程がちがうことがあります。忙しいスケジュールで，何校も受験している人は，混乱のないよう気をつけましょう。受験生への"お知らせ"があるかもしれませんよ。

トイレに行っておく

控え室・面接会場の場所を確認し，洗面所の位置も覚えておきましょう。時間のあるうちにトイレに行き，鏡でみだしなみをチェックすることをすすめます。

係の人の指示にしたがう

事務・連絡の係の先生が，必要な指示をしてくれますので，よく聞いてください。なかには「無理に父・母と言わなくてよろしい」などという指示をする学校もあります。また，その学校の先ぱい生徒が案内係をしてくれるところもあります。感謝して，失礼のない態度でお世話になりましょう。

筆記試験後の面接で，待ち時間に参考書を持ちこんで勉強するのは，「これからほかの中学を受ける」と言っているようなものなので，さけたほうがよいでしょう。

会場でできる
リラックスの方法

- 深呼吸
- ゆっくりと息をする

- 血行をよくするため，軽く体を動かす

- うまくいった自分の姿を想像する

ヤッタ！

当日，こんなことで困ったら…

Q 忘れ物をしたら？

A 試験場へ向かう途中で忘れ物に気づいても，取りに帰っていては遅刻してしまいます。こんな場合，そのまま試験場へ向かうのが原則です。着いたら係の先生に申し出て指示を受けますが，ものによってはどこかで買うことも考えてみましょう。前日の持ち物チェックをしっかりやっておけば，万全です。

Q 遅刻しそうになったら？

A 遅れないよう早く家を出ることが第一です。しかし，やむをえない事情で遅れそうなときは，できるだけ早く学校に連絡することです。そのために受験校の連絡先メモを持っておきましょう。そしてあせらずすみやかに試験場へ向かいます。

Q 遅刻したら？

A 30分の余裕をもって出発しても遅れたとすると，よほどの事情があったということになります。学校では，事故や災害など緊急の場合には，遅れた受験生のために開始時間を変更するなどの処置をとりますから，あきらめず，できるだけ早く学校に着くよう努力してください。また，事故証明や遅延証明などの証書ももらいましょう。

Q 気分が悪くなったら？

A 健康は大切です。試験場へ着く前なら，どこかで休んで回復を待ちますが，遅れそうなら学校に連絡を入れます。学校内なら係の先生に申し出てください。しばらく休んで大丈夫なようならよいのですが，無理はしないように。必要なら保健の先生か医師にみてもらいましょう。

ハイ、
母は…

Q あがりそうで心配

A 初めての面接試験ですから，心配になるのも無理はありません。しかし，ほかの受験生もみんな，初めてであがりそうだ，と思っているはずです。大切なのは，あがってもいいから一生懸命答える，ということです。ぜひこの学校に入りたいという気持ちを，面接官の先生に伝えるよう，がんばってください。

Q 何をきかれるか心配

A たしかに，何を質問されるかは気になることですね。この本の「質問例」や「面接の意義と実際」を読めば，だいぶ安心できるのではないでしょうか。それでもまだ気になるようなら，「面接の内容は，先生がたとの雑談」というふうに考えてみましょう。"何をきかれるか"よりは"どう答えるか"が重視されることも忘れないでください。

Q 敬語が苦手で心配

A ことばづかいは，面接での大切なチェックポイントになります。敬語も，まちがった使い方をするとよくありませんね。小学6年生として知っておきたい敬語を，右にまとめましたので，参考にしてください。ふだんから使って慣れるようにしましょう。

Q 面接で落ちないか心配

A 面接の結果だけで不合格となるのはまれな例で，あまり心配することはないでしょう。受験生としては，志望校入学へ熱意をもって臨むことが，もっとも大切です。心配ばかりしていては熱意がさめてしまいますから「合格するんだ！」「入学したい！」という気持ちで準備をすすめましょう。

受験生が知っておきたい
敬語の使い方

敬語
- 尊敬語……話し相手を敬って言うことば
- けんじょう語……自分や自分の身内をへりくだって言うことば
- ていねい語……「です」，「ます」などのていねいな言い方

人の呼び方
- 自分の身内は……父，母，兄，姉，おじ，おば，祖父，祖母　など
- 友だちは……田中順一君，斉藤由利子さん　など
- 先生は……佐藤広行先生，中島豊校長先生　など

※自分の身内のことを話すときには「お」「ご」「さん」などをつけません。

例 ×お父さんが言っていました。
　○父が申しておりました。

［志望校選択にあたって］
学校についてよく知る
══ 面接準備につながる学校情報の収集 ══

面接において、もっともよく質問されるのは、志望の理由・動機です。だれがどのように受験を決めたか、その学校を知ったきっかけは、という質問が出ることもあります。ということは、このような問いに、自分ならどう答えるかを頭において学校研究や志望校の選択をすれば、いざ面接というときに、あわてることなく答えを述べることができます。

面接準備は、試験の直前でなく、もっと前から始められる、というわけですね。

══ 学校情報の収集法 ══

市販の学校案内・入試資料集

書店に、さまざまな中学受験案内の出版物が並べられています。内容は、学校ごとの情報、データ別資料集、受験情報解説などがあり、対象地域も全国版と地域をしぼったものとがあります。自分に合ったものを選んでください。また、学校ＨＰにも充実した情報が掲載されているので、チェックしましょう。

各学校のパンフレット

毎年、秋になると各学校でパンフレットが用意されます。各校の学校説明会で、進学塾の先生や保護者に配布されたり、希望者に送られたりするものです。

パンフレットには、その学校の教育方針、沿革、教育施設や学校生活などが、入試要項には募集人員、出願期間、試験の日程や内容、学費などの重要情報がのっています。志望校のものはぜひ入手しましょう。

クチコミの力

すでに受験を経験している知人や、同じクラスの保護者どうし、進学塾の先生や家庭教師など、身近な人の教えてくれる情報は説得力があります。信頼でき、役に立つ情報が多いでしょうが、ときには聞いた話を自分で確認するなどの主体性をもって情報収集にあたると、いっそう効果的です。

■志望校決定にいたるプロセスの例

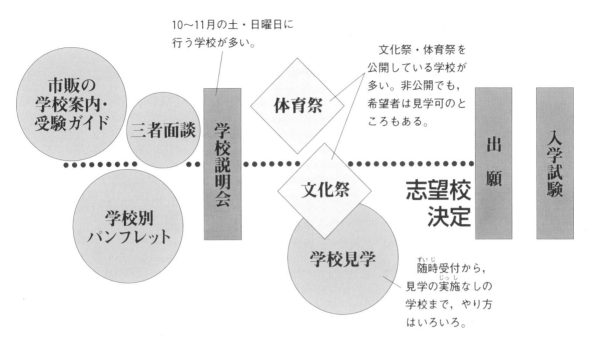

10〜11月の土・日曜日に行う学校が多い。

文化祭・体育祭を公開している学校が多い。非公開でも，希望者は見学可のところもある。

市販の学校案内・受験ガイド

三者面談

学校説明会

体育祭

文化祭

学校見学

志望校決定

出願

入学試験

学校別パンフレット

随時受付から，見学の実施なしの学校まで，やり方はいろいろ。

学校説明会

　一部の学校をのぞき，多くは10月から12月初旬にかけて，学校説明会を行います。保護者に向けて，教育方針や校風，カリキュラム，高校・大学への進学状況，入試についてのくわしい情報などが説明されますので，希望の学校についてはぜひ出席をおすすめします。また，説明会の内容は必ずメモをとるようにしましょう。面接のとき役立つはずです。

学園祭の見学

　国公立・私立を問わず，文化祭・体育祭などの学園祭を公開する学校が多くあります。9月から11月が中心ですが，一部は春に行われます。受験希望者のみ見学可の学校もあるので，確認をとって出かけましょう。
　在学生のようす，学校のふんいきがよくわかります。できれば生徒に学校生活についてきいてみましょう。

学校見学

　進学塾がとり行う見学会などもあり，機会があれば実際に志望校を訪れて，印象を確かめたいものです。
　自分から学校に問い合わせて見学に行く場合は，日時・見学時間，見学する人数，車での来校の可否，上ばきの要不要などを確認します。見学前に，何を見たいか，何を質問したいかもまとめ，服装をととのえて時間厳守で出発です。メモも忘れずに。

［志望校選択にあたって］
さらにくわしく学校研究
＝＝ 学校の特色・方針と面接の関係 ＝＝

志望校の選択・しぼりこみには，くわしい学校研究が欠かせません。どの学校も，それぞれの特色や方針にもとづいて教育を行っていますが，とくに面接を重視する傾向（けいこう）の学校や，ユニークな面接を行う学校では，それにふさわしい生徒を強く求めているということになります。ですから，学力や通学範囲（はんい），進学状況などだけでなく，受験生の適性ということもよく考えて，納得（なっとく）のいく志望校選びをしてください。

＝＝＝ タイプ別・学校の特色と面接のポイント ＝＝＝

国立中学・公立中高一貫校

国立の中学校は，国立大学の教育研究の場として設立された学校です。大学の最新の研究を反映した授業を受けることができ，私立に比べて授業料をおさえることができます。入学に際しては，通学区域制限があり，筆記試験のほかに抽選を実施する学校もあります。また，併設高校がない学校もあるので注意が必要です。公立中高一貫校は，各都県や市に居住していることを応募条件とする，新しいタイプの学校です。入学試験では，複数の教科を融合させた「適性検査」が行われます。その内容は私立の一般的な入試問題とは大きく異なり，志望校に応じた対策が必要となるでしょう。

宗教にもとづく教育を行う学校（キリスト教系・仏教系）

これらの学校を志望するからといって，キリスト教または仏教を信仰（しんこう）すべき，ということはありません。しかし学校の特色・方針，適性などをよく検討することはもちろんです。さらにカリキュラムの中で，週1時間程度の宗教の授業（聖書，修養，道徳ほか）を設けている学校や，朝・夕の礼拝（れいはい），宗教行事を行う学校もありますので，その点も確認してください。

面接では「キリスト教（仏教）を主義とする教育を受け入れるか」「宗教教育を行う学校を，本当に望んで志望したのか」を確認させられる場合が多くあります。

私立大学（短大）付属の中学校

　ひと言で「付属校」といっても，その内容はさまざまです。系列の高校・大学（短大）への進学状況は，条件つきというところが多く，学校ごとにかなりちがいます。希望者は大学（短大）卒業までを目標に，系列校への進学条件・進学実績を調べ，また校風や特色（系列校全体）にも納得して受験しましょう。入学すれば大学（短大）卒業まで長期間すごすことになるのです。

進学校（中・高一貫教育）

　カリキュラム・入試対策，コースやクラス編成が工夫されていて，大学進学への指導が充実し，高い実績をあげている学校で，在学6年間と考えることができます。このなかには面接を行わない学校もありますが，パターーンどおりでないユニークな面接を実施している学校も多く，理解力・思考力をためしていると考えられます。積極的な「学ぶ姿勢」が大切です。

男女別学校・共学校

　私立校には，男子校・女子校と別学になっているところもあり，それゆえの教育的効果もあげているようです。ただし，別学から共学に移行する学校の例があるほか，共学校でも男女比が同等とはかぎりませんので，別学・共学にこだわるよりは，学校のなかみと受験生の適性で考えたほうがよいかもしれません。面接のポイントも同様です。

保護者が知っておきたい　敬語と誤りやすいことば

敬語

尊敬語……例　いらっしゃる，なさる，…られる，お□□する，ご□□　など

謙譲語……例　伺う，拝見する，申し上げる　など

ていねい語……例　です，ます，ございます　など

ら抜きことば

助動詞の「られる」から「ら」が抜け落ちた表現。
×見れる→○見られる　×食べれる→○食べられる
×来れる→○来られる　×決めれる→○決められる
など
※改まった場面では正しい表現を用いるのがよいでしょう。

誤りやすいことばの例
×違和感を感じる→○違和感を覚える　×気がおける友人→○気がおけない友人　×とんでもございません→○とんでもないことでございます……など，ふだん何気なく使っている日本語が正しいものかどうか確認しましょう。

やる気を高める 志望理由の明確化

何のために受験するのか確認を

志望校をしぼりこみ，決定すると，いよいよ出願となります。その前に，本人・保護者の間で，受験の意志を確認してはどうでしょうか。

ひとつの例ですが，保護者のなかに「志望理由は，子どもに高校受験の苦労をさせたくないから」「中学に入ってしまえば，あとはのんびりさせてやれるから」という理由をあげる例がありますが，これは要注意です。

- 子どもが望んで受験するのか
- 前向きで意欲のある理由かどうか
- 入学後のビジョンはあるか
- 中学受験は楽な選択ではないと知っていて，それでもがんばる気構えがあるか

ということを考えると，上記のような例はさけたいということがわかるでしょう。

志望理由は積極的に，肯定的に

受験勉強や入試準備をこれからも続けていく受験生と，応援する保護者にとって，ある意味で志望理由は"気持ちの支え"ともなります。思い出すたびに意欲と希望を呼びおこしてくれるような理由なり目標なりがあれば，申し分ありません。また，理由は1つだけではないでしょう。励みはいくつあってもいいのです。

例 いろいろな志望理由

積極的		消極的
	・熱心な先生がたの指導を受けたいから ・クラブも活発だから	・近くて楽だから ・入れそうな学校だから ・すすめられたから	
肯定的		否定的
	・自由な校風がよいから ・施設が充実し，学習環境がすばらしいから	・公立校がいやだから ・高校・大学受験がいやだから	

出願のときの ちょっとした注意

入学願書は正確に記入

受験を決めたら，志望校に書類を提出します。この書類の書式や提出方法も，学校ごとに規定がありますから，注意してください。

保護者が記入する「入学願書」（入学志願票などとも言われる）は，第一に記入内容が正確であることが必要です。用紙の取り扱いも，汚れやしわのつかないように注意しましょう。文字はじょうず・へたはともかく，ていねいに書かれていたほうが，見る側にとっても好ましい印象を与えます。できれば別紙に下書きすると書きやすいですね。

願書の書き方について，学校説明会や入試要項のなかでふれる学校もあります。参考にしてください。

WEB（インターネット）出願のポイント

WEB（インターネット）出願の場合は特に，出願期間・合否確認方法・受験料や入学金支払方法に注意しましょう。出願締め切り時刻間際になると，アクセスが集中して出願できなくなる可能性があるため，時間に余裕を持った出願を心がけてください。

顔写真をデータでアップロードするように指定する学校もあります。事前に写真館などで撮影し，データと現物の両方を準備しておくことが望ましいです。また，合否照会に必要なパスワードを学校ごとに設定する場合は，必ずメモやスクリーンショット等で保存するようにしましょう。最後に受験料の決済をして出願完了となります。決済ができたか必ず確認するようにしてください。

受験票は受験生が各家庭で印刷したものを持参することになります。多めに印刷し，受験生本人だけでなく保護者も予備を持参しましょう。

入学願書の例（一般的な例として，編集部で作った見本です。）

□年度○○中学校入学願書					
志願者	氏名 フリガナ		生年月日　　年　月　日		顔写真
	現住所		（電話　　　）		
	出身小学校　　　立　　小学校				
保護者	氏名 フリガナ		印　生年月日　　年　月　日		
	現住所		（電話　　　）		
家庭の状況	氏名	続柄	年令	通学の状況	自宅から
					最寄駅
					利用交通機関
					合計所要時間　　　分
特筆すべきことがら					

家庭でできる ふだんのこころがけ

家族のコミュニケーション

「中学受験は家族の総力戦」などと言われることがあります。たしかに面接でよく，家族についてきかれますが，ここはそういう意味ではなく，ご両親が受験に対して前向きで，受験生本人と足なみをそろえてがんばることが大切だ，と言っているのです。

たとえば，仕事で忙しいご両親が，少ない時間であっても「毎日勉強がんばっているね。父さんも母さんも一緒にがんばるからね」とわが子に伝えられれば，子供にとってどれほど励みになることでしょう。

父母が協力し，コミュニケーションのとれている家族でしたら，たぶん面接官に与える印象は，安定した健全なものになるはずです。

なお，やる気を出させようと親が叱咤激励（しったげきれい）するのは，逆効果になることが多いようです。

しつけ，ことばづかい，ふだんの準備

面接で重視される点の上位に「態度・礼儀作法（れいぎ）」と「ことばづかい」があります。これらは，面接直前に，にわか練習しても身につくものではありません。つけやきばでないしつけをしたいとお思いの保護者も多いでしょう。ふだんから，望ましいふるまいやことばづかいができるよう，こころがけたいものです。

このほかに，面接重視校・ユニーク面接実施校の志望者は，ふだんから準備することとして，42・43ページにあることを参考にしてください。

機会があれば，志望校に足を運ぶ回数を重ねたいものです。学校のふんいきに慣れるほど，試験時にあがるのを防げますし，入学への意欲を高めることにもなります。

精神的な安定と，心の準備

気持ちを明るく保つ

　試験が近づいてくると，どうしても気持ちが高ぶったり，緊張が強くなったりします。中学入試というたいへんなものを受けるのだから，まぁ無理もない，というくらいに受けとめ，家族もへんに気をつかわず，ふだんとあまり変わらずにすごしたほうがよいと思われます。

　受験生や家族の状態や，気の持ち方によっては，試験への不安がいろいろ出てくるかもしれません。そういうときは，不安を1人でかかえこまないで「○○○がとても心配だ」「そうか，○○○が心配なのか」「そうね，○○○はたいへんだものね」などと，家族共通の話題にしてしまいましょう。すぐには解決しないまでも，気分がだいぶ軽くなります。たいへんなとき，それをわかってくれる人がいるのは，精神状態にとてもよいことです。その味方が家族であれば，心強さはいっそうです。

　家族全員が気持ちを明るく保つことも重要です。

もうひとつの心の準備

　試験の準備を順調に重ねてきても，急に予想外の事態がおきないともかぎりません。もし○○○したら……と考えられる緊急の困りごとに対して，そのときはこうしよう，と心づもりや対策を考えておくと，少しでも安心できます。たとえば，急病・ケガ，書類をなくした，日時をまちがえた，会場をまちがえた，服が破れた……。トラブルがおきないよう注意しよう，という気持ちも自然にわいてくるはずです。

本番の試験に効果アリ！

メンタル・リハーサル法

　入試にかぎらず，スポーツ選手が試合前に行ったり，ステージに立つ人が公演前に行ったりする方法です。頭の中でいきいきと，うまくやっている自分の姿をえがきます。想像と現実が区別できなくなるくらい，本気でやると効果大。

願望の視覚化（ビジュアリゼーション）

　たとえば，志望校の大きな写真を机の前にはる，自分が合格したところを絵にかく，自分の受験番号が出ている合格発表風景を絵にかくなど。

健康管理は
成功の重要要素

かぜの予防をしっかりと

　試験は冬期に行われますので，かぜは大敵です。ひいてから薬をのむより，予防に力を入れたいものです。

・帰宅したらすぐに手洗い，うがいをする。
・入浴後の湯ざめに注意。
・室内の暖房と，外気の差が大きいと，かぜをひきやすくなるので，室温を調節すること。
・石油ストーブ使用の場合は，換気をこまめにする。
・なるべく人ごみの場所をさける。

規則正しい生活をこころがける

　試験勉強や準備のあれこれで，疲れがたまっているかもしれません。試験日が近づいてきたら，コンディションにとくに気を配るようにしましょう。

　試験日の1か月ぐらい前から，じょじょに生活時間を試験の時間帯に合わせるようにします。人間の体のリズムは，急には変えられないからです。ポイントはすいみん時間。試験日には早く起床し，試験時間には心身が活発に働くようにする必要があります。すいみんも8時間ぐらいはほしいので，そのつもりで生活を調整してください。

準備のあいまのリフレッシュ

　軽く体を動かし，全身のコリをほぐしましょう。ゆっくりした動きのほうが，筋を痛めることなどがなくていいでしょう。ときどきは外に出てスポーツをするとか，気に入った本を読む，趣味の時間をもつなどしたほうが，生活もいきいきしますし，面接時に生活のようすを質問された場合，明るく答えることができます。

受験生の健康を維持する食品

栄養のバランスのとれた食事を規則正しくとりましょう。

■頭の働きに必要な，たんぱく質・カルシウム

肉　魚　小魚　とうふ　牛乳

■体調をととのえるビタミン（とくにビタミンB群）

いも　ピーナツ　ぶた肉

■腸の働きを助ける食物せんい

かいそう　野菜・くだもの

面接試験の意義と

実際

これまでのページで，面接の「基本」と「準備」についてみてきました。面接について知っている人から，アドバイスをもらった人もいるでしょう。でも，実際のところ，面接会場では何をきかれ，どんな気持ちがして，面接官は何を考えているんだろう───わからないことが，まだいっぱいありますね。

そこで，面接経験者の先ぱいや，面接官の先生がたにくわしくきいた面接試験の実際を，あなたに教えます！ぜひ，保護者のかたといっしょに読んでください。

●面接という "場" では，ある程度の緊張はやむをえません。

　　面接は，初対面の人どうしが顔を合わせる場です。何人かの大人が「こんどの子はどんな子かな」という思いで待ちうけているところへ，小学生1人（またはグループ）で入っていくのですから，緊張するなというのは無理なことです。多くの先ぱいたちの話を聞いてもそうですし，中学生・高校生でもやはり面接は緊張するといいます。このように，面接という場に臨むときは，だれでもある程度は緊張するものなのです。もしも面接を控えてドキドキしている人がいたら，それはふつうのことで，ちっともへんではありません。それに，ほどよい緊張感があると，表情に真剣さがあらわれて，見ている人には気持ちがよいものです。緊張するのは，悪いことではないのです。

●面接官をこわがらないでください。

　　会ったことのない大人で，しかも試験をする立場の人ですから，それだけでもう面接官はこわい人……と思ってしまうかもしれませんが，実際は，面接に臨む緊張感からそのようにみえるだけのことが多いのです。面接される先生がたは，何とか受験生に話をしてもらおうと一生懸命なのですから，まだ会ってもいないうちからこわがる必要はありません。先ぱいたちの多くも「最初はこわい人だと思っていたが，本当は，面接官の先生はやさしかった」と言っています。

● **面接官の先生がたもいろいろと気をつかっているのです。**

　　　　面接の成績によっては，合格か不合格につながる場合があります。ですから，面接官の先生がたはたいへん真剣ですし，できるだけ正しく受験生の人がらをとらえようとして，指示や質問の内容を工夫するものです。「質問の意味がわからなかったら遠慮しないできいてください」とか，「わからないときはわかりませんと言ってください」など，やさしく指示してくれます。また，受験生が緊張しすぎているなと思ったら，気持ちをほぐすような質問をしてくれるし，冗談を言って空気をやわらげようとしてくれることもあります。おもしろかったら笑顔を見せるくらいの楽な気持ちで，面接官の先生の指示にしたがいましょう。

● **面接官の先生は，受験生になるべくたくさん話させようとします。**

　　　　面接官の先生は，ふつう2人か3人です。そのなかの1人がおもに質問して，あとの人はつけ加える程度の質問をして終わるというのが多いようです。質問する内容は，通常は一定の範囲で決められています。多くの場合，面接では受験生になるべくたくさん話してもらうように配慮します。たくさん話せば話すほど人がらがよくわかるからです。1つ答えると，その答えについてさらにつっこんだ質問をするということもありますが，それは，そうすることによってより深く人がらを知ろうとする配慮のあらわれですから，心配はいりません。

神様に合格をお願いします。

●基本的なことは当然問われます。自分らしさを出しましょう。

　　　面接は，学校の調査書などの書類だけではわからないことを，実際に本人に会っ
て確かめる目的で行われるものです。態度や礼儀作法，ことばづかいなど，いわ
ゆる人がらを知ることが目的です。当然，いろいろ質問されますが，そのなかに，
この学校を志望した理由，通学の経路と時間，友人関係，好きなこと，将来つき
たい職業，尊敬する人物，最近の重大ニュースなど，どの学校の面接でもきかれ
ると思われる基本的な質問事項があります。とくに「どうしてこの学校を志望し
ましたか」という質問などは当然，予想されることです。「志望校を決めたのは
だれですか」，「ほかの学校も受験していますか」といった質問もあることでしょ
う。こういう質問には，自分らしさ（個性）がよく出るような答えが要求されて
いると考えましょう。この学校のどこが気に入っているのか，入学したら何をや
りたいと思っているのかなど，自分のことばでまとめておきましょう。

　　　そして実際に答えるときには，答えの１つ１つに，「どうしてもこの学校へ入
りたい」という強い意欲をみせることが何よりも大切です。

●人間性や能力にかかわる質問や難問・奇問もあると考えましょう。

　　　「ノーベル賞授賞式のニュースを見てあなたは何を感じましたか」といった質
問の場合は，自分の気持ちを率直に話しましょう。ただし，「すごいと思いまし
た」のように，ただの感想で終えるのではなく，「自分も人や社会の役に立ちた
いと思いました」など，自分なりの意見を付け加えるような答え方が望まれます。

　　　答え方がまったくわからないというような難問・奇問はほとんどありませんが，
まったくないとは言いきれません。教科に関する質問などでそういう例がありま
す。「北斗七星は１時間に何度どちらの方向へ回りますか」などというのがそれ
です。わからないときは「わかりません」と答えるのがだいじなことで，適当に
ごまかすような答え方は絶対にしないようにしましょう。

進学教室のテストを受けに集まった受験生と保護者。努力が続きます。

●あたりまえの質問にはあたりまえに答えましょう。

　「あなたはテレビをよく見ますか」，「学習塾へ通っていますか」，「毎日何時ごろ寝ますか」，「きょうだいゲンカをしますか」というような質問は，ごくあたりまえの質問です。こういう質問には，「はい，テレビはよく見ます」というようにあたりまえに答えればよいのです。「1日何時間ぐらい見ますか」，「どんな番組を見ますか」，「見すぎるなと注意されませんか」というふうに，テレビについて追いかけるように質問されることもあります。どんな場合でも，かざらずにありのまま答えること，思ったまま，感じたままをすなおに表現することがだいじです。

●あたりまえということを誤解しないようにしましょう。

　「あたりまえに」といっても，それを「ふだん家で話しているように」と誤解しては困ります。「学習塾へ通っていますか」ときかれて，「通ってる」とぶっきらぼうに答えたとしたら，どうでしょう。態度やことばづかいの面でマイナスになることは当然です。目上の人に対して礼儀正しく答えるという姿勢は，面接での「あたりまえ」であって，これをくずしてはいけません。面接官の先生が緊張をほぐすようにユーモアを交えた質問をしてくれるような場合でも，調子にのって乱暴なことばづかいをするようなことは絶対にさけなければいけません。

●答えの内容よりは，話を聞く態度，答え方が重視されます。

　　面接のときには，前もって全般的な説明があるのがふつうです。この説明を注意深く聞いて本番に臨むことが大切です。注意のなかでよく言われることは，「わからないことはわかりませんと言ってください」ということです。わからないからといっていつまでもぐずぐずしていたり，いいかげんなことを小さい声でぶつぶつ言ったりしてはいけないということです。面接では，質問した内容の答えが正解であるかどうかということよりも，どういう態度で答えたか，どういう答え方をしたかということのほうがいっそう重視されるのです。

●はきはきと，落ち着いて，明るく接することがだいじなチェックポイントです。

　　面接官の先生は，学校で定めたチェックポイントを一覧にしたものを持っていて，面接をしながらA〜Cとか1〜5とかの評点を記入します。もちろん一般的な方法であって，まったくちがう評価法をとる学校もあります。どういう点をみるかということも，学校によってさまざまですが，通常は次のようなことです。はきはきと，落ち着いて，明るく接することがとくに重要です。

・みなり・みだしなみ……服装の印象，感じのよしあしなど
・動作・態度……音声，発音，ことばづかい，あいさつ，礼儀作法，姿勢など
・性格……明朗性，積極性，主体性，協調性，責任感，向上心など
・能力……注意力，理解力，判断力，表現力など

●待ち時間や 終 了 後の行動もみられています。
　　　　　　しゅうりょう

　　　面接のときは，どうしても待つ時間が長くなります。多くの場合，控え室で待つことになりますが，このときの態度も観察されていると思いましょう。気持ちがおちつかないからといってうろうろ歩き回ったり，友だちとおしゃべりをしたりしているのは感じのいいものではありません。こういう態度は，まわりの人に迷惑をかけることにもなるのです。トイレへ行きたくなったときには，係の人に
　めいわく
声をかけてから出かけるようにしましょう。いちばんよいのは，姿勢を正して静かに待つことです。目を閉じてじっとしていると，気持ちがおちついて，緊張感もほぐれてくるでしょう。

●終了後，控え室でよけいなおしゃべりをしないようにする。

　　　面接が終わって控え室にもどってきたときの行動も大切です。ああいうことをきかれた，こういうことをきかれたなどと質問の内容を話すことは許されません。「うまくいった」とか「失敗した」とか，結果について話すこともよくありません。面接が終わったら，これから面接を受ける人のことを考えて，静かに次の行動に移ることがだいじなのです。「これで終わった」とばかり，大声をあげたり，笑ったり，よけいなおしゃべりをしたりするのは，面接の場ではいちばんいやがられることだと知っておいてください。このことは，受験生本人だけでなく，保護者の場合も同じです。

●少しぐらいのミスは気にせず，肩(かた)の力をぬくようにしましょう。

　　　　肩に力が入りすぎると，言いたいことも言えなくなります。適当に肩の力をぬくようにしましょう。まず，じょうずに答えようと思わないことが第一です。思ったとおりに自分のことばで答えればよいのです。そのほうが自分らしさが出て，よい感じを与(あた)えられるものです。第二は，わからない，知らない，言いまちがえたというようなことを“失敗だ”と思わないようにしましょう。すなおに「わかりません」，「知りません」と言えばいいし，言いまちがえたら「すみません」と前置きして言い直せば，失敗でも何でもありません。第三は，予想していない質問をされてあがってしまうことがあるので，事前に予想練習をしたとしても，それにこだわらないことです。ある先ぱいは，練習したことが質問されるものと思っていたところ，予想外の質問を受けて，頭の中がまっ白になったそうですが，「アドリブのノリで，とにかくその場で浮(う)かんだことを言ってきりぬけた」ということです。もちろん合格しましたが，その場のアドリブで，というのは機転がきいていてよかったと言えます。このように，事前に練習したことは，会場ではむしろ忘れてもいいくらいです。そして最後に「面接官の先生は，やさしくていい人だ，私にもやさしい」と思いこむのもよい方法です。

●けじめをつけるところはきちんとしましょう。

　　　　肩の力をぬきすぎて，けじめがなくなるのはよくありません。けじめをつけるところはきちんとつけるようにしたいものです。次の点に気をつけましょう。

① 「簡単(かんたん)に答えてください」などの指示を守るようにする。

② いすに深くこしかけて背すじをのばし，姿勢を正しくする。

③ 大きな声ではきはき答える。答える前に必ず「はい」と返事をする。

④ 部屋の出入り，礼，着席，起立などの動作を礼儀正しくきびきびとする。

⑤ 「この学校へどうしても入学したい」という強い意欲を示す。

保護者(同伴)面接を実施する学校例

愛国，足立学園，跡見学園，大妻，大妻中野，学習院，学習院女子，慶應義塾中等部，京華，恵泉女学園，光塩女子学院，工学院大学附属，攻玉社，麹町学園女子，国学院大学久我山，サレジオ，実践学園，自由学園，淑徳巣鴨，頌栄女子学院，女子聖学院，女子美術大学付属，白百合学園，成城学園，成女学園，清明学園，東邦音楽大学附属東邦，ドルトン東京学園，日本体育大学桜華，富士見，富士見丘，三輪田学園，武蔵野東，目白研心，八雲学園，立教女学院，和洋九段女子，神奈川学園，鎌倉女学院，カリタス女子，湘南白百合学園，聖セシリア女子，清泉女学院，聖ヨゼフ学園，法政大学第二，聖園女学院，横須賀学院，横浜雙葉，志学館，八千代松陰，西武台新座，細田学園，本庄第一，本庄東高等学校附属，茨城キリスト教学園，青丘学院つくば，土浦日本大学，茗溪学園，横浜国立大学教育学部附属横浜　　など

（※ 受験する年度の実施状況については，各学校の入試要項をご確認ください。）

●保護者の面接でもけじめが大切です。

　　保護者の面接で面接官がいちばん気にする点は，過保護・過干渉の有無，子離れの状態，子どもや学校に対する過度の期待の有無ということです。人間的な品性はだいじですが，親の学歴や社会的地位，教養などというものは，面接ではあまり問題にされません。全体としては，夫婦の子育て観や家族のチームワーク，基本的な生活習慣のしつけ方などが問われるとみてよいでしょう。

　　面接においてけじめをつけるべき点をあげておきましょう。

① 志望校の教育方針をきちんと理解して，協力する意欲を示す。このことは質問内容としては断然トップになっている。

② 家庭の教育方針やしつけの基本的な考え方を自信をもって述べるようにする。愛情に根ざした，ある程度の厳しさのあることが大切である。

③ 姿勢を正してはきはきと答えるようにする。これは受験生の場合と同じ。

④ 長話は禁物である。1つの質問に長くても1分以内で答えるようにする。

⑤ 父親(または母親)が答えているときに，母親(または父親)が口をさしはさまないようにする。教育方針が不一致と誤解される。

⑥ お世辞やへつらい，ていねいすぎる敬語はさける。肩の力をぬいてごくふつうの会話をするように心がける。オーバーな話し方はひんしゅくを買う。

⑦ 適度の笑顔や冗談はふんいきをやわらげる。

●面接を重視する学校を志望する場合は，かなりの心構えが必要です。

　　　　面接を重視する学校では，学力テストが合格点に達しなくても，面接の結果，学力以外のすぐれた能力や，学校への適性があると認められた生徒は，一定の範囲で合格させるという例があります。面接の回数でも，受験生の面接（個人またはグループ）を2回実施して，そのほかに保護者の面接を行うという例があります。また，受験生だけの面接，受験生と保護者同伴の面接，保護者だけの面接の3つを組み合わせて行うという例もあります。

　　　　質問の内容については，次の例を見てみましょう。

①　本校の生徒を見てどう思ったか。

②　きょうはどうしてそういう服装できたか。

③　いじめやけんかをしている友だちを見たらどうするか。

④　知らないことをおぼえるのにいちばんよい勉強法は何か。

⑤　外で困っている人がいたらどうするか。

⑥　小学校の校長先生のお話で心に残っていることは何か。なぜ心に残ったか。

　　　　こういう質問は，自分はどう考えるか，自分はどうするか，というような考え方や判断のしかた，行動する力などを問うものです。一般的な質問とは深さがちがいます。こういう質問については，かなりの準備が必要です。志望する学校の面接の傾向を調べて，勉強しておく必要があるでしょう。でも，心配しすぎることはよくありません。

面接を重視する学校例

愛国，足立学園，跡見学園，江戸川女子，大妻，大妻多摩，大妻中野，海城，かえつ有明，神田女学園，共立女子第二，国本女子，慶應義塾中等部，京華，京華女子，恵泉女学園，麴町学園女子，佼成学園女子，国士舘，駒込，桜丘，実践学園，渋谷教育学園渋谷，自由学園，修徳，淑徳巣鴨，城西大学附属城西，聖徳学園，女子聖学院，女子美術大学付属，白梅学園清修，聖学院，成蹊，成城学園，成女学園，創価，玉川学園，玉川聖学院，中央大学附属，帝京八王子，貞静学園，東海大学菅生，東京純心女子，東京女学館，東京女子学院，東京立正，トキワ松学園，中村，日本工業大学駒場，日本体育大学桜華，新渡戸文化，日本大学豊山女子，広尾学園，富士見丘，宝仙学園，三田国際学園，明星学園，武蔵野東，目白研心，山脇学園，立教池袋，和光，和洋九段女子，大西学園，鎌倉女学院，清泉女学院，洗足学園，相洋，桐蔭学園，東海大学付属相模，武相，横須賀学院，横浜隼人，暁星国際，光英VERITAS，志学館，芝浦工業大学柏，渋谷教育学園幕張，秀明八千代，翔凜，西武台千葉，和洋国府台女子，大妻嵐山，埼玉平成，武南，本庄第一，立教新座，茨城キリスト教学園，常総学院，青丘学院つくば，茗溪学園，白鷗大学足利，立川国際，白鷗高等学校附属，東葛飾，並木　など

（※ 各学校から届いたアンケートをもとにまとめたものです。）

●一般とちがう方法で行われる面接（実技）もあるので注意が必要です。

ユニークな面接の例をあげてみましょう。

① プリントされた文章を読み，それについての質問に答える。

② 身体表現や寸劇（すんげき）をやる。

③ いくつかの絵のなかから好きな絵を選んで，選んだ理由を述べる。

④ 与えられたテーマ（例・自動車と電車）について5人の受験生で討論（とうろん）する。

⑤ 地図の中から知っている国を1つ選び，その国について知っていることを説明する。

⑥ 放送の指示にしたがって折り紙で箱を折る。

⑦ 設定された場面に応じた電話の会話を考えて話す。

⑧ 自宅付近の地図を使って，駅から自宅までの道順を説明する。

このような作業や動作をともなった面接（実技）を行う学校はごく少ないようです。しかし，こういう面接（実技）は，ある程度予想していないと面くらってしまうかもしれません。ふだんから，積極的に行動したり発言したりする習慣をつけておくことが大切でしょう。文章を読んで質問に答えるような場合には，内容を速く読み取って理解する力が必要ですから，ゲームのつもりで訓練するのもよいでしょう。全体として言えば，はずかしがらずに元気よく行動することがかんじんだということになります。

さあ，ほどよい緊張感と明るさ，すなおさをもって，がんばってください。

新傾向（けいこう）の面接（実技）を行う学校例

●湘南学園（ESD入試）

「小学校時代に取り組んだこと」と「湘南学園に入学したら挑戦（ちょうせん）したいこと」について，90秒以内で本人が語る様子を動画にして事前提出する。記述・論述試験も行う。

●東京立正（SDGs入試）

SDGsと関連のある授業を受けた後に，レポート・プレゼンテーション・面接を行う。プレゼンテーションでは，調べた内容や創作したものをSDGsという視点で発表する。

●聖和学院（英語プログラミング入試）

タブレット端末（たんまつ）を使用したアプリの操作や，与えられた課題のロボット製作をする。出題者の英語を理解して作業を進め，ネイティブの試験官に自分の作品を発表する。

●目白研心（次世代スキル入試）

与えられたテーマに対して，自分で考えて自分の言葉で表現すると同時に，グループワークで各々（おのおの）の考えを受容する。最後に，試験を振り返り自己評価する。

●北鎌倉女子学園（エッセイ入試）

事前に発表される課題から1つを選び，エッセイの準備をする（試験に持ち込（こ）むことはできない）。当日の質疑応答は学園長が担当する。

（※ 受験する年度の実施状況については，各学校の入試要項をご確認ください。）

受験生・保護者・面接官の
面接体験集

実例

実際に面接試験を終えた人に「ねえ，どうだった？」と聞いてみたい──受験生ならだれでもそう思うのではないでしょうか。そこで，先ぱいたちや面接を行った先生がたに，その感想を教えてもらいました！

［　］内は受験校を表します。

受験生の体験・感想

●学校説明会のときに，「面接は普段着でよいです」，「面接は参考程度に実施するだけです」などの説明があったので，それほど緊張することなく受けられた。
　　　　　［東京・早稲田大学高等学院中（男）］
●先生がやさしくて答えやすかった。難しいことは聞かれないので，緊張するだけ損。
　　　　　　　　　　　　［東京・女子学院中（女）］
●他の受験校を聞かれたが，正直に答えておいた。通知表に書かれている小学校の担任の先生のコメントについても質問された。
　　　　　　　　　　［東京・白百合学園中（女）］
●待っている間，ヒーターがついていたり，音楽が流れていたりして，落ちつけた。
　　　　　　　　　［東京・東洋英和女学院中（女）］
●試験の結果（国語）が出ていて「まあまあの得点です」と言われ，ほっとした。
　　　　　　　　　　［東京・東京女子学院中（女）］
●よく考えて答える質問が中心。言葉遣いの多少のまちがいなどは減点にならないような

ので，明るくはきはき答えましょう。
　　　　　　　［神奈川・フェリス女学院中（女）］
●筆記試験より緊張したが，面接官は優しい感じだった。受験生の服装は，ブレザースタイルが多かった。　［千葉・日出学園中（共）］
●面接官の先生方は優しかったので安心した。質問について簡単に答えると「それはなぜですか？」「どうしてそう思うのですか？」と聞かれる。5W1Hを加味して，少し長めに答えるとよいでしょう。
　　　　　　　［神奈川・横浜共立学園中（女）］
●言葉を間違えてもだいじょうぶだから，自分の言いたいことを落ちついて言えばいいと思います。　　　　　［茨城・常総学院中（共）］
●最初は緊張したけど，だんだん落ちついてきた。15分が長く感じたけど，明るく自信をもって答えればだいじょうぶ。
　　　　　［神奈川・東海大学付属相模高校中（共）］
●質問の答えに対して，さらに掘り下げた質問が出るのは予定にないことだったのでとまどった。答えに対してさらに掘り下げた答えを用意しておいたほうがよいと思った。
　　　　　　［東京・東京学芸大学附属竹早中（共）］
●話しやすかったこともあり，「はい」と答えるべきところで，「うんうん」と返事をしてしまいました。それでも受かっていたので，とちゅうで失敗しても気を落とさないで最後までがんばろう。
　　　　　　　　　　［東京・恵泉女学園中（女）］
●待ち時間がいちばん不安でした。面接の先

44

生は私が緊張しているのがわかると優しく接してくださったので，気持ちがほぐれました。質問の内容は筆記試験のできぐあい，あいさつについてなど。大きな声を出してハキハキと答えるのがいいと思います(少し考えてから話しました)。思いもよらない質問でも冷静に考えて話せば，絶対に面接は大丈夫です。それと，女子校なので敬語をきちんと使えるようにしておきましょう。

［東京・**東京女学館中（女）**］

●受験生1人，面接官3人でした。質問内容は，筆記試験でいちばんよくできた科目，わからなかったのは何番か，その問題は塾でも出たか，志望理由，入学後の抱負，試験の感想，日本や世界でおこっていることで興味があること。女の先生だったので，思ったより気軽に答えられました。

［神奈川・**日本女子大学附属中（女）**］

●どの学校にも言えることですが，志望理由だけはきちんとまとめておくことが大切だと思います。［千葉・**和洋国府台女子中（女）**］

●学校について聞かれたとき，即答できないとマズイので，学校のことはよ〜く理解しておこう。　　　　［茨城・**茗溪学園中（共）**］

●待っているときは緊張したが，面接の場ではリラックスできた。短い時間に自分のことをよく知ってもらうためにも，できるだけリラックス状態を心がけよう。

［東京・**頌栄女子学院中（女）**］

●礼儀と笑顔が大切だと思った。自分を信じてリラックスして臨めばだいじょうぶ。

［東京・**東京大学教育学部附属中等教育（共）**］

●緊張していたので「おかけください」と言われる前に座ってしまったが，明るい顔で立ち上がったらだいじょうぶだった。

［東京・**川村中（女）**］

●小学校の委員会の内容，担任の先生について，家から学校までどうやって来たか，もし電車などが止まったら，どうやって来るか，小学校ではどんなことをしていたかなど。ほかに意外な事も質問されたので，少し考えてしまいました。

［神奈川・**清泉女学院中（女）**］

●面接官の先生がとってもやさしかった。難しいことはほとんどたずねられなかった。とってもおだやかでいい学校と感じた。

［東京・**香蘭女学校中（女）**］

●父の仕事内容を聞かれたときは，よく知らないので困った。やはり，家族のことはしっかり説明できるようにしておかないと…。

[神奈川・日本女子大学附属中（女）]

●間違えても気にしないで，相手の目をしっかり見て話せばだいじょうぶ。

[東京・女子聖学院中（女）]

●答えづらい質問はない。聞かれたことにきちんと答えればだいじょうぶ。

[東京・学習院女子中（女）]

●最初から答えを用意するのではなく，その場で考えたほうがよいと思います。わからないときは素直に「わかりません」というのが断然よいです。「わかりません」と2度言った私も合格していますから。

[埼玉・市立浦和中（共）]

●どんなに緊張していても，一生懸命に答えれば先生に伝わるからだいじょうぶ。

[栃木・佐野日本大学中等教育（共）]

●つまずきながらでもいいから，自分の意見をしっかり述べることができるかが大切。

[東京・啓明学園中（共）]

●単願なので面接は重視されると思い，とても緊張した。志望理由や入学後にしたいことなどはスラスラ答えられた。それ以外のことはちょっと変な答え方をしたが合格した。緊張せずにガンバッテください。

[茨城・茨城キリスト教学園中（共）]

●少し緊張したが，大きな声で答えられたのでよかった。入学したいという気持ちを伝えることができればだいじょうぶ。

[埼玉・県立伊奈学園中（共）]

●面接官の顔を見てはきはきと答えること。うそは禁物，わからないときは「わかりません」と正直に答えよう。

[千葉・東海大学付属浦安高校中（共）]

●個人面接で，2人の面接官の1人は記録する人だった。質問にはあまりうまく答えられなかったけど，とてもやさしい先生だったので緊張しなかった。

[東京・国立音楽大学附属中（共）]

●面接は「質問されるもの」と考えがちだけど，面接のあと「面接官との会話」と考えたほうがよいのでは？　と思った。

[神奈川・清泉女学院中（女）]

●保護者同伴で，父の職業，家族構成，この学校に入ったら何をしたいか，などを質問された。先生が優しかったので，落ちついて話すことができた。

[千葉・和洋国府台女子中（女）]

●やさしい質問だったので，ありのまま答えておいた。　　[東京・共栄学園中（共）]

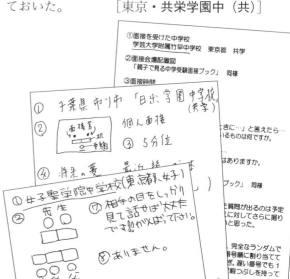

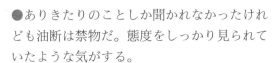

保護者の体験・感想

●ありきたりのことしか聞かれなかったけれども油断は禁物だ。態度をしっかり見られていたような気がする。
　　　　　　［栃木・國學院大學栃木中（共）］

●質問に答えられないときは「わかりません」「答えられません」とはっきり言っておけば、悪い印象にはなりません。
　　　　　　［東京・頌栄女子学院中（女）］

●なごやかな面接なので、明るくはっきりと答えればだいじょうぶ。
　　　　　　［東京・光塩女子学院中（女）］

●グループでの話し合いなので、なんでもいいから思っていることを話してください。
　　［東京・東京学芸大学附属国際中等教育（共）］

●予想していないことを聞かれたので、とまどった。
　　　　　　［東京・武蔵野東中（共）］

●面接官がやさしく応対してくださったので、思っていたほど緊張しなかった。
　　　　　　［東京・桜蔭中（女）］

●志望理由、自分の長所短所、得意・不得意科目について聞かれたが、これについて「なぜ？」「どうして？」とつっこんで質問された。また、この学校に入学したら何をしたいかということと、それをしたい理由をたずねられた。
　　　　　　［栃木・白鷗大学足利中（共）］

●面接の先生と楽しく会話できましたが、油断はダメです。態度面を重視しているようでした。
　　　　　　［神奈川・慶應義塾湘南藤沢中（共）］

●考えたことに対して、「どうして？」「なぜそう思うの？」とか、さまざまにつっこまれるので、理由や根拠まで説明できるようにしておこう。　　［東京・田園調布学園中（女）］

●子どもへの質問が多かった。面接官の方々が笑顔で接してくださったのでリラックスでき、ごく自然に返答することができた。
　　　　　　［東京・学習院女子中（女）］

●練習では長い答えを用意していたのに、本番では簡単な答えになってしまった。もう少しくわしく答えておきたかったと後悔しています。　　［千葉・和洋国府台女子中（女）］

●親子３人で待っていて子どもが先に呼ばれる。子どもが退出後両親が入室。面接官は男性と女性で、なごやかな感じで進められた。
　　　　　　［神奈川・清泉女学院中（女）］

●面接官は女性でしたので、こちらもリラックスして受けることができました。親子の関係や、親の考えを面接で確認するという感じです。　　　　［東京・三輪田学園中（女）］

●保護者同伴面接で、試験日より前に実施。前半は受験生に、後半は親に質問していました。親には「子供の成長はどのような時に感じるか」「本校のキリスト教教育についての意見」といった内容でした。
［神奈川・横浜雙葉中（女）］

面接をされた先生の感想

●面接官と目線をはずすのはよくない。わからないことは「わかりません」とはっきり答えるほうが印象はよい。
　　　　　　　　　　　[東京・共栄学園中（共）]

●意識しすぎて固くなってしまう受験生や保護者がいる。一生懸命さが伝わればよいのでリラックスして臨んでほしい。
　　　　　　　[神奈川・聖ヨゼフ学園中（女）]

●自分のことを自分の言葉で相手に分かる様に説明できると良いです。
　　　　　　　　　　　　[東京・和光中（共）]

●本校の面接は「受験資格の確認」がおもな目的なので，ふだんの自分を素直に出してくれれば十分です。
　　　　　　　　　[東京・学習院女子中（女）]

●協調性やコミュニケーション能力をおもに見るので，面接官のリードに合わせて会話ができればいい，ぐらいに考えてほしい。
　　　　　　　　　　[埼玉・聖望学園中（共）]

●本校の説明会や模擬試験に熱心に参加した生徒は，面接もよくできたようだ。
　　　　　　[栃木・佐野日本大学中等教育（共）]

●小学生らしい自分なりの言葉で話してくれると，新鮮な感じがする。
　　　　　　　　　　[東京・新渡戸文化中（共）]

●明るく，子どもらしく話す受験生が多く，筆記テストだけでは計れない人間力を感じた。単語ではなく，文章で話せるとよいのだが…。
　　　　　　　　　　[東京・玉川学園中（共）]

●服装については，ブレザー等でなくてもきちんと着用している姿がほとんどであった。
　　　　　[茨城・土浦日本大学中等教育（共）]

●「このお子さんを大切に育てたい！」との気持ちを新たにし，気が引きしまります。
　　　　　　　　　[東京・三輪田学園中（女）]

●本校志望の理由はきちんと答えてくれる。通知表の内容(特に係や委員など)もしっかり答えられるようにしておきたい。
　　　　　　　[神奈川・湘南白百合学園中（女）]

●緊張の中にも礼儀正しくきちんと受け答えができていた。小学生らしい素直な表現がよいと感じた。　　[東京・玉川聖学院中（女）]

●６年間一貫校の学校生活に対する明確な目標を持っている生徒には感心させられた。
　　　　　　　　　[千葉・八千代松陰中（共）]

●話している時に視線を合わせることができることも求められる姿勢だと思います。
　　　　　　　　　[千葉・暁星国際中（共）]

●過度な練習により小学生らしくない受け答えが見られる。「貴校の……」などと言われてビックリした。　　[千葉・千葉明徳中（共）]

●本学院の教育内容をきちんと理解したうえで受験していると感じられた。
　　　　　　　[神奈川・聖園女学院中（女）]

中学受験面接

ベーシック

質問例

返答例つき

受験生編 **50**問 ……代表10問
類似問40問

保護者編 **30**問 ……代表10問
類似問20問

解説つき

ここに集めた質問例は，**実際の面接で，ひじょうによく
きかれることばかり**です。もちろん，このとおりの質問がされると
決まっているわけではありません。しかし，面接官の先生に
自分のことや考えをよくわかってもらえるように話すには，**事前に
ある程度，自分の考えをまとめておいたほうが，ずっと話しやすい**でしょう。
そのために最適な質問例集です。今から読んでおけば，
面接に安心なだけでなく，**ふだんの自分やこれからのことを見つめ直す
よいきっかけ**にもなるはずです。
保護者のかたにも，厳選した質問例を解説つきで用意しました。

あなたの受験番号と
名前を言ってください。

返答例 はい。158番，
　　　　　中村さやかです。

質問の意図 面接試問では最初に，本人であることを確認するために，受験番号と氏名をきくことが多くあります。試験として本人確認は当然のことですが，このようにひじょうに簡単な質問をすることによって，受験生の緊張をやわらげ，リラックスさせる目的もあるようです。

好ましい 返答のしかた

面接官の最初の質問をうけて，まず「はい」と答えましょう。名前の後も「…です」と締めくくります。深く考えなくてもよい質問ですから，間をおかず明るく元気に答えましょう。

はい　158番
中村さやかです

さけたい 返答のしかた

「89番，田中」と姓だけ言うのではなく，姓と名前を通して言います。また「…です」をはぶいて自分の名前だけをプツンと言わないように気をつけてください。きげんが悪いのかと思われてしまいます。また，2校以上受験している人は，受験番号をまちがえないように注意すること。

はい！

こんな 返答例 も

はい。15番，鈴木たけしです。
よろしくお願いします。

こんな質問も

あなたの生年月日を言ってください。

返答例 ○○年○月○日です。

あなたの通っている小学校はどこですか。
校長先生はどなたですか。

返答例 ○○市立○○小学校です。校長先生は大田勝治先生です。

試験場では緊張しましたか。

返答例 はい。最初は緊張しましたが，少ししておちついてきました。

面接を待っている間，何を考えていましたか。

返答例 筆記試験のことや合格できるかどうか，面接で何をきかれるの
か，などです。

この1年で欠席や遅刻をしたことがありますか。

返答例 はい，昨年の11月にかぜをひいて，4日間休みました。遅刻はありません。

質問の意図 どの学校でも，生徒には毎日元気に通学してほしいと思っています。そのために面接では，生徒の健康状態や欠席・遅刻についてたずねます。また学生生活をおくるうえで大切な，規則正しい生活がきちんとできているかどうかもみます。

好ましい 返答のしかた

遅刻や欠席があった場合，なまけたのではなく，病気やケガ，事故などのやむをえない理由があったことを言います。また現在は健康で，中学校に通学するのに支障がないことも，しっかり伝えます。欠席や遅刻はやはり少ないほうが望ましいので，そのために努力することを，必要ならつけ加えましょう。

さけたい 返答のしかた

欠席や遅刻のキチンとした理由を答えなかったり，「混雑でいつもバスが遅れるから」などの遅刻の理由では，生活態度に問題あり，とみなされ，ひじょうに悪い印象をもたれてしまいます。

こんな 返答例 も

いいえ，ありません。

はい，遅刻が５〜６回あります。自転車事故でケガをして，通院していたためです。

自宅から本校までの所要時間と交通経路を言ってください。

返答例 およそ35分かかります。自宅から○○駅まで10分歩き，JR△△線に乗って20分，□□駅から歩いて５分です。

この学校に通うには，今までとちがって遠くなり，時間もかかりますが，毎日通える自信はありますか。

返答例 健康には自信があります。少し早めに家を出てラッシュ時をさけたほうが時間はかかりますが，通学は楽だと思います。

あなたは１日にどれぐらいのすいみん時間をとりますか。またその時間は１日の約何％になりますか。

返答例 ８時間です。約30％に当たります。

あなたは病気をしないように，日ごろ心がけていることがありますか。それは何ですか。

返答例 はい，あります。外出から帰ってきたらうがいをすることと，手をよく洗うことです。

自分の性格について述べてください。

返答例　少しのことではあきらめない，ねばり強い性格だと思います。短所は決断が遅いことです。

質問の意図　受験生がどんな子か，面接官はとても知りたがっています。また自分の性格をどのくらい自分でわかっているか，客観的にみられるかなどを問う，面接試問でも最重要の質問です。自分自身のことですから，ふだんから考えておきたいものです。

好ましい
返答の
しかた

自分の性格については，判断しにくいものです。先生や友だちなどから客観的に評価をしてもらい，「友だちからよく気が強いと言われます」などと答えてもいいですね。長所はアピールするように，短所は言うだけでなく，どう改めようと努力しているかも述べます。

さけたい
返答の
しかた

「自分の長所（短所）はありません」では不自然なので，要領よく答えられるようにまとめておきましょう。また，短所を述べるとき「短所はおせっかいなところだけれど，性格なんだから，しかたないでしょ」的な，なげやりで断定的な言い方は好ましくありません。反省して，気をつけていることもつけ加えると印象がちがってきます。

こんな 返答例 も

明るく，社交的だと言われます。

物事をじっくり考えずに，早とちりするくせがあるので，気をつけています。

あなたの欠点は何ですか。その欠点をどのように
直そうとしていますか。

> 返答例 ぼくの短所は内向的なところです。ですから，できるだけ人と
> 話す機会をつくったり，クラス会でも意見を言えるようにした
> いと思って努力しています。

友だちがかげであなたの悪口を言っていたらどうしますか。

> 返答例 悪口が事実であれば，悪い点を直すよう気をつけます。また，
> 事実でなければ，言った友だちに抗議します。

あなたはどんな人になりたいですか。

> 返答例 自分ですすんでものごとを考え，実行できて，他の人からたよ
> りにされる人になりたいと思います。

心配ごとがあるときはどうしますか。

> 返答例 家族や先生，親しい友だちに相談して，解決の方法を考えます。

得意科目・不得意科目は何ですか。

返答例 得意科目は理科です。
不得意科目は体育です。

質問の意図 学業成績に関する質問は，面接官は手元にある調査書を見て行うのがふつうです。受験生側は調査書の内容を見ることはできませんが，ちぐはぐな答えになってもおかしいので，自分の成績のよいもの・悪いものは覚えておきましょう。受験生が自分の成績をどのくらいに評価し，どのように努力・反省しているかが問われます。

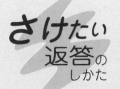好ましい返答のしかた 得意な科目と答える以上，その科目について関連質問が出ることが予想されます。「理科の実験がおもしろいので」「走るのが遅くて苦手です」など得意・不得意の理由も明確にします。成績が悪くても好きな科目なら「成績になかなか結びつかないのですが」と言いそえるといいでしょう。

何とかしたい

さけたい返答のしかた 不得意科目をはっきりと「きらい」と言うよりは，「苦手だが何とかしたい」という気持ちをこめて答えたいものです。不得意の理由も「先生の教え方が悪いから」と先生の責任にするのは，よくとられません。また成績については，調査書があるので，いいかげんな返答をしないように。

こんな 返答例 も

計算が得意なので，算数が好きです。

ぼくは歌うのがへたなので，音楽の授
業が苦手です。

なぜきらいな教科ができたのですか。

返答例 漢字の書き取りが苦手で，勉強も後回しにしてしまい，ほかの
教科に時間をかけていたからです。

あなたは勉強でわからないことがあったとき，
どうしていますか。

返答例 授業でわからないことがあったら，先生に質問します。また家
族や塾の先生にきいて，疑問点をそのままにしないようにして
います。

自宅では１日に何時間ぐらい勉強しますか。

返答例 宿題も入れて，ふつう２～３時間ぐらい勉強します。学校から
帰って１時間と夕食後１～２時間です。

宿題は全部自分でやりますか。

返答例 はい，自分でやります。やってみてどうしてもわからないとこ
ろは，姉に教えてもらうときもあります。

あなたはなぜ，この学校を 志望しましたか。

返答例 校舎がきれいで，設備も充実していると聞き，学校見学に来ました。そのとき，先生が親切でしたので，ぜひこの学校に入りたいと思いました。

質問の意図 面接で必ずといっていいほどきかれ，またその学校への入学意欲を問う，たいへん重要な質問です。「この学校に入りたいんだ」という熱意を自分のことばで伝えることが大切で，先生がたはそのような返答を期待しているはずです。

好ましい返答のしかた 入学志望の主な理由として，伝統とよい校風，優秀な先生がた，ととのった環境・施設などをあげるといいでしょう。学校案内や入試要項で学校の沿革・教育方針・校風・施設など，前もって調べておくと役立ちます。ただし，学校案内のマル暗記では先生がたはお見通しです。直接本人が学校訪問などをして，そのときの感想やこの学校に入って何をしたいという目的意識があれば，説得力のある回答になります。

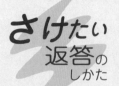

さけたい返答のしかた 入学意欲を問うものですから，目的もなく志望したとか，友だちにつられて受験したという印象はマイナスです。志望理由が「家族のすすめで」や，「エスカレーター式に大学まで優先進学できると聞いたので」では入学への熱意も自主性も感じられず，よく思われません。また他校志望・受験についてもよくたずねられますが，他校を受けた場合，かくさずすなおに答えるのがいいと思われます。ウソをついてもベテランの面接官は見ぬいてしまいます。

こんな 返答例 も

中学・高校と一貫（いっかん）した教育が受けられ，語学教育にも力を入れていると聞きました。また，付属の大学への進学率も高いので志望しました。

だれがこの学校を選びましたか。

返答例 進学塾（じゅく）の先生にもすすめられましたが，実際に学校訪問をしてみて，家族と相談して自分で決めました。

この学校のどんなところが，いいと思いましたか。

返答例 勉強ばかりでなく，スポーツや文化活動も活発だと聞き，学校生活が楽しそうなのがいいと思いました。

もし本校を落ちたとしたら，どうしますか。

返答例 ○○市立○○中学校に行きます。

他校と本校の両方に受かったら，どうしますか。

返答例 この学校が第一志望ですから，こちらに決めます。（または○○中学校に行きます。）

筆記試験はうまくできましたか。

返答例 緊張しました。どの教科も時間内に終わり，見直しができたので，よかったと思います。

質問の意図 筆記試験の後で面接を行う学校が多く，このような質問もあんがいよく出されます。筆記試験のできぐあいや感想は，あらかじめ準備して答えられるものではなく，とっさの判断・応答を通じて，受験生を理解しようとする問いです。入試や受験について，思ったままを答えればけっこうです。

好ましい返答のしかた
よくできたと思えない場合には，「算数の計算がうまくできたか心配です」などでもいいのです。また，面接が翌日以降なら「社会の3番目の問題は，帰って教科書を見て納得しました」などとつけ加えておくと，向学心のあるよい印象を与えます。

さけたい返答のしかた
返答例を考えていなかったので，あせって何も言えない……では困ります。とにかく何か返答をしましょう。試験のできがよくないような気がしても，面接の返答までなげやりな態度になってはいけません。

こんな 返答例 も

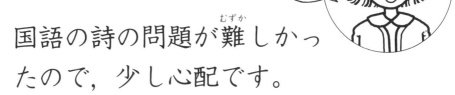

国語の詩の問題が難しかっ
たので，少し心配です。

理科は得意なので，うまくできたと思
います。あとの教科は全部答えました
が，あまり自信はありません。

こんな 質問 も

塾や進学教室に通っていますか。

返答例 はい，○○進学教室の夏期・冬期講習に参加しました。

入試のために特別の勉強をしましたか。

返答例 はい，進学教室の日曜テストを何回か受けました。

そのために学校の勉強がおろそかになることは，ありませんでしたか。

返答例 いいえ，学校の勉強を中心にやってきましたので，それはない
と思いますし，日曜テストはふだんの勉強の成果をみるもので，
励みになりました。

模擬テストを受けたことがありますか。それについて，どんな印象をもちましたか。

返答例 はい，1度あります。たくさんの参加者がいるので，驚きま
した。

本校に入学したら、何をしたいですか。

[返答例] スポーツが盛（さか）んだと聞いているので，バスケット部か陸上部に入り，試合に出たいと思います。

[質問の意図] 学校生活をしていくうえでの積極性・意欲・向上心・自主性など，いろいろなことをみる質問です。返答によって，小学校でどんなことをしてきたか，中学生活をどう考えているのかがわかります。ここで重要なのは，学校生活についての期待や感想をできるだけ具体的にいきいきと話すことです。

好ましい 返答の しかた

小学校で得意だったことや，新しくやってみたいことを，具体的に言いましょう。「音楽クラブに入っていたので，中学でも音楽を続けたいです。とくにギターを習いたいと思います」など。ただ注意したいのは，受験する学校でどのような活動が盛んか，どんなクラブがあるかなどを少しは知っておくことです。

さけたい 返答の しかた

「勉強をがんばりたい」というのはあたりまえのことなので，もっとちがったことを答えましょう。また「クラブ活動をやりたい」というのも，何のクラブかわからず，はっきりしていません。できるだけ具体的に，ということを忘れないように。

こんな 返答例 も

交換留学生の制度に参加できるように，
英語を勉強したいと思っています。

演劇部に入って，秋の文化祭の舞台に
立ちたいです。

小学校で，印象に残っていることは何ですか。

返答例 去年の夏，臨海学校で伊豆に行ったことです。暑かったですが，
泳げるようにもなり，とても楽しかったです。

小学校の担任の先生はどんな先生ですか。

返答例 担任は青木政雄先生です。おこるとこわいですが，冗談をよ
く言うおもしろい先生です。

あなたは本校の校訓を知っていますか。

返答例 はい。「誠実と努力」です。

小学校の委員会やクラス係は何を担当しましたか。

返答例 図書係をしていました。返却が遅れている人に声をかけたり，
おすすめの本を紹介したりして，たくさんの人に本を手に取っ
てもらえるように心がけました。

親しい友だちはいますか。この学校でも友だちがつくれそうですか。

返答例　小学校では5人ほど親しい友だちがいます。中学ではたくさん友だちをつくりたいです。

質問の意図　受験生の人物像を知るための，基本的な質問の一つです。積極性はあるか，周囲と自然に打ち解け，円滑なコミュニケーションをとることができるかなどが問われます。

好ましい
返答の
しかた

学校生活では，他者と協力したり，時に反発したりするなど，いずれにしても生徒どうしの関わり合いは避けられません。ですから，先生方にとってこの質問は入学後，受験生が円滑に学校生活を送れるかどうかを判断するものとして大きなウェートを占めているものと考えられます。したがって，単に質問に答えるより，衝突を乗り越えた話や仲良くなったきっかけなど，ちょっとしたエピソードもそえながら話すと好印象です。

さけたい
返答の
しかた

たとえ一人でいることが好きでも，学校は将来，自分が社会生活を送るための訓練の場であることを念頭に置いて話しましょう。ですから，「私は一人の時間を大切にしたいと考えているので，あまり仲のよい友だちはいなかったし，これからもわかりません」といった内容は話さないようにしましょう。また，話が冗長になってしまうことや，個人が特定できるような内容を話すこと，他者を強く批判することなども当然してはいけません。

こんな 返答例 も

何でも話せる友だちが1人います。つらいときも支え合える大切な存在です。

中学でも，刺激し合いながらお互いに成長できる友だちをつくりたいです。

友だちとは，どのような話をしますか。

返答例 テレビ番組に関する話が多いですが，ニュースについてお互いの意見を交わすこともあります。色々な情報を知ることで，自分の知識や興味を広げるよい刺激になっています。

友だちとけんかをしたことがありますか。

返答例 ささいなことでお互い感情的になり，少し言い合いになったことがあります。しかし，後になって冷静になり，どこに問題があったのかを考えて話し合うことで，誤解がとけてむしろ以前よりも仲良くなれました。

友だちが悩んでいたら，どうしますか。

返答例 一人で抱えこまないように，自分から声をかけて話を聞こうとします。家族や先生にも相談するように伝え，自分にできることがあれば積極的に行動します。

中学校では，どのような人と友だちになりたいですか。

返答例 小学校とは違い，中学校は色々なところから生徒が集まるので，今まで自分の周りにはいなかった考え方を持った人とも仲良くなりたいです。

あなたの趣味は何ですか。

返答例 読書です。学校では読書クラブに入っています。とくに，偉人の伝記を読むのが好きです。

質問の意図 趣味や特技に関する質問は，本人の性格や人間性をみるのにひじょうに役立つものです。このような質問は具体的な関連質問が出ますので，ほんとうに好きで，ふだんよくやっていることを答える必要があります。

好ましい 返答のしかた

趣味の内容をはっきりと話しましょう。何が，どんな点でおもしろいのかについて，具体例を交えて話すと実感がこもります。

さけたい 返答のしかた

「趣味はありません」とか「読書・音楽・野球・テレビゲームです」では，あなたは何が好きなのかわかりません。自分がやっていることをかたっぱしから並べるのではなく，とくに好きでやっていることについて，具体的に述べたいものです。

こんな 返答例 も

天体望遠鏡で星の観察をすることです。
星座にまつわる話にも興味があります。

絵をかくことです。5年生のときにか
いた風景画で賞をいただきました。

あなたはどんなスポーツが好きですか。

返答例　サッカーです。Ｊリーグの試合をテレビで見るのも楽しいですが，
自分たちで実際にボールを追って走るのはとても気持ちがいいです。

最近読んでおもしろかった本はありますか。

返答例　はい，『赤毛のアン』です。カナダの生活や学校のことなど私
たちとはずいぶんちがっていて，おろしろかったです。

テレビではどんな番組をよく見ますか。
1日どれぐらい見ますか。

返答例　マンガも見ますが，動物や自然をテーマにした番組が好きです。
1日2～3時間ぐらい見ます。

きらいな食べ物はありますか。
きらいなものを食べようと努力したことがありますか。

返答例　はい。レバーがきらいです。母にも何度か言われ，口にしてみ
るのですが，独特のにおいが好きになれません。

あなたの「将来の夢」を 教えてください。

返答例 宇宙飛行士になって, 宇宙船の中から地球を 見てみたいです。

質問の意図 小学生で自分の進路を決めている人は少ないでしょう。ここでたずねているのは「夢」ですから, 実現が難しそうなことでもいいのです。先生がたはあなたの小学生らしい夢やあこがれを聞きたいのです。職業や進路をきかれたときも, それほど具体的な内容でなくてもかまいません。しかし現在関心があること・興味があることについては, ハッキリ答えましょう。

好ましい 返答の しかた 「夢」の内容に理由をそえると, 聞いている人にもなぜそう思うのか, わかりやすくなります。たとえば, 「宇宙飛行士の人が地球がきれいだと言っているのを聞いて, 自分の目で見てみたいと思いました」などです。

さけたい 返答の しかた 「とくにありません」では, きいている面接官もがっかりでしょう。「こんなことを言ったら, 笑われるかも」と思うようなことでもいいですから答えましょう。

こんな 返答例 も

ぼくは動物が好きなので, 世界じゅう旅行していろいろな動物を見たいです。

水泳を小さいころから習っているので, オリンピックの選手になりたいです。

あなたは将来どんな職業につきたいと思いますか。

返答例 ケガで入院したときに, 看護師さんにお世話になったので, 私も世の中の役に立つような職業につきたいと思います。

高校を卒業したら, どのような方向へ進むつもりですか。

返答例 地球の環境破壊に関心があるので, それについての勉強ができる大学に行こうと思っています。

今, あなたが関心のあることは何ですか。

返答例 古切手の収集です。アフリカの飢えで苦しんでいる人たちを救うために, ボランティア・グループが古切手の回収を呼びかけているので, それに協力しようと思っています。

行ってみたい国はありますか。

返答例 はい。スイスに行って, アルプスの美しい山に登ってみたいです。そこの子どもたちと仲よくなれると, もっといいなと思います。

ご家庭ではどのような方針で，お子さんを育ててきましたか。

返答例 自分の行動に責任をもつこと，人を思いやることを教えたいと思い，そのように努めてまいりました。

‥‥‥‥‥‥‥‥‥‥‥‥‥‥‥‥‥‥‥‥‥‥‥‥

質問の意図 先生方は，受験生をより理解するために，受験生がどのような環境で育ってきたかを知ろうとします。子どもの自主性を尊重する家庭であっても，教育が学校任せであったり，しっかりとした教育方針がなかったりする場合には，先生方は不安を感じます。

答え方のポイント 子どもの教育に無関心でも，また逆に家庭の教育方針をとうとうとしゃべることも感心できません。たんに家庭内のしつけにかぎらず，広い意味での教育方針や心がけてきたことがらを簡潔に述べましょう。

◆◆◆◆◆ こんな質問も ◆◆◆◆◆

どんなときにほめたり（しかったり）しますか。

答え方のポイント 子どもの行動に，保護者が関心をもって接しているかどうかが問われます。また教育やしつけの理念とほめる・しかるが一貫性を欠くものであってはおかしいので，注意してください。なお，ほめる場合には，子どものじまん話にならないよう，ほどほどにすることを心がけましょう。

お子さんにどんな注意を与えることが多いですか。

答え方のポイント 子どもの日常生活がうかがえる質問です。「あとかたづけができなく，だらしがないのでしかります」など実際によく与えている注意でも，子どもの欠点が強調されるような言い方はさけましょう。

本校を志望した理由をお聞かせください。

返答例 学校見学に子どもと来たさい，校内やまわりの環境(かんきょう)もよく，生徒たちの明るいのびのびしたようすに感心いたしました。自分の子もこの学校で，中学・高校と一貫した教育が受けられればと思い，志望しました。

質問の意図 保護者も志望校決定にどのような意見をもっているか，先生がたの知りたい質問のひとつです。

答え方のポイント この種の質問は，受験生にもよくされるものです。親子別々の面接の場合は，答えがあまりちぐはぐにならないように，事前に打ち合わせておきましょう。また，保護者だけが熱心で子どもの自主性が感じられないような印象を与えないよう，気をつけてください。

こんな質問も

本校を知ったきっかけは何ですか。

答え方のポイント 日ごろから保護者も中学受験に関して積極的な姿勢(しせい)があるか，また本校の評判はどうかなども学校側はききたいものです。小学校の先生や在学生の保護者から聞いた話や，学園祭など学校見学に来て好印象を得たことなど，強く興味をもった好ましい点を述べましょう。

どうしてお兄さん(お姉さん)と同じ学校を志望しなかったのですか。

答え方のポイント 志望校決定の理由，きょうだいでちがう学校に通うことへの，家庭内での対処(たいしょ)のしかたを問うものです。「きょうだいそれぞれの個性にあった教育方針の学校を選びました」というように具体的に答えればよいでしょう。

お子さんは
どんな性格でしょう。

<u>返答例</u>　絵里子は明るい朗らかな子ですが，初対面の
人に対しては，慣れるのにやや時間がかかる
ようです。

．．．

<u>質問の意図</u>　子どもの性格を保護者がどのようにみているか，理解しているかが
問われます。親子の関係・家庭のふんいきもみられるので，返答の
しかたには注意してください。

**答え方の
ポイント**　保護者からみた子どもの性格
で，長所・短所を答えます。
短所は控えめに，マイナスの
イメージを与えるような内容
はさけ，短所の克服に親子で
気をつけている点などをつけ
加えるのも一策です。

〜〜〜 こんな質問も 〜〜〜

今おっしゃった短所について，ご家庭で
どのように直そうと心がけていますか。

**答え方の
ポイント**　ただ厳しく注意するというのではなく，改めなければいけないこと
を本人が自覚するように，家庭で気をつけている点を答えられれば
よいでしょう。

お子さんに，どんな人に育ってほしいですか。

**答え方の
ポイント**　「責任感の強い」「独創的な」など，親の期待はさまざまです。そ
こに受験する学校の教育理念や方針（キリスト教関係の学校では，
博愛や奉仕の精神など）にふれたことがらが加味されていると効果
的です。

お子さんの健康状態は
どうですか。

返答例 以前はよくかぜをひきましたが，水泳教室に
通い始めてからは丈夫になり，今は健康状態
も良好です。

．．．．．．．．．．．．．．．．．．．．．．．．．．

質問の意図 中学校に入学したさい，学校生活
をおくるのに支障がないかどうか，
学校側では気になる点です。とく
に小学校での欠席・遅刻が多い場
合によくたずねられます。

答え方の
ポイント

健康であれば問題はないのですが，
たとえ病気治療中であっても，学
校生活をおくることに問題はない
ことを明確に伝えましょう。

 こんな質問も

小学校での欠席(遅刻)が多いようですが，どうしてですか。

答え方の
ポイント
実際の調査書に記入されていることを，あやふやにごまかすのはよ
くありません。なまけて休んだ(遅刻した)のではなくハッキリとし
た理由があることを言い，生活態度や健康状態に対する面接官の不
安を解消するように努めましょう。

本校へはどのような経路で通学されますか。
通学時間は長くなりますが大丈夫ですか。

答え方の
ポイント
学校側は，キチンと通学できるかどうかを問題にします。通学経路
は負担の少ないものを考え，保護者も実際に往復してみて，通学可
能であることを確認しておけば，返答も明瞭にできるはずです。

健一君に友だちはいますか。
何人ぐらいですか。

返答例 はい，小学校6年のクラスの友だち，5人ほどと仲よくしています。

質問の意図 交友関係をみて，受験生の人間性・協調性を判断します。集団生活がスムーズにおくれるかどうかをみるのもねらいです。

答え方の ポイント

子どもの性格や協調性がアピールできるように答えましょう。友だちがいないという子どもは心配です。ごく少数であれば，「クラスの○○さんとはとても気が合うらしく，家族ぐるみのつきあいをしています」のように具体例をそえて，答えるとよいでしょう。

こんな質問も

小学校で，お子さんは何かの役員やクラブ活動をしていますか。

答え方の ポイント
「クラスの図書係です」「地域活動の鼓笛隊に参加しています」など実際に活動したことしか返答できませんが，そういったものがあれば，強みになります。仕事・活動の内容も本人から聞いておいてください。

お子さんはふだん友だちと何をして遊んでいますか。

答え方の ポイント
室内でゲームばかりやっているのは問題です。屋外で体を動かすスポーツなど，健康的なものを答えたほうがよいでしょう。

将来, お子さんをどのような方向へ 進ませたいとお考えですか。

返答例 本人はまだ, 何になりたいかハッキリ決めていないようです。今のところはさまざまな分野に進めるように, 幅広い知識を身につけさせたいと思い, 大学への進学を考えております。

・・

質問の意図 大学を併設している私立校などでは, 進学希望の有無をたずねることもあります。

答え方の ポイント

保護者にとっても, 子どもの将来はまだまだ未知のものです。漠然とした希望でもけっこうですが, けっしておしつけがましい印象にならないようにしてください。

 こんな質問も

大学進学について, どのようにお考えですか。

答え方の ポイント 中学受験を行う学校は高校・大学への進学を当然ととらえている場合がほとんどです。ですが, 併設の大学がある場合,「エスカレーター式で楽だから, この学校に決めました」と安易な意見を述べるのは, 歓迎されません。

お子さんにお仕事をついでもらいたいと思いますか。

答え方の ポイント 家庭によっては, 店や会社を子に……という場合もあるでしょうが, 保護者がしいた路線を強要することは, この場合の返答としてはふさわしくありません。「ついでくれれば, うれしいのですが……, 息子(娘)の意志にまかせようと思います」ぐらいが適当でしょう。

環境問題について，
お子さんと話すことはありますか。

返答例　はい，とくに節電を心がけたり，買い物には
エコバッグを持って行くよう話したりしてい
ます。

....

質問の意図　日ごろから色々な話題について話したり，学校で学習
した内容を家庭で調べたりすることは，子どもの成長
に大きく役立ちます。身の回りの問題に目を向ける習
慣があるかをたずねることで，知的好奇心や学習意欲，
行動力などが育まれているかを見られます。

答え方の
ポイント　大規模な活動に参加した経験がなくても，身近な行動
と結びつけながら，具体例を挙げて答えるとよいでし
ょう。子どもの学びを深めるために，家庭で保護者が
積極的に関わっている姿勢を示すことが大切です。

こんな質問も

ボランティア活動に参加したことはありますか。

答え方の
ポイント　先生方が知りたいのは，ボランティア活動への参加の有無だけでは
なく，社会への参加意識があるかどうかです。どのような活動に参
加したのか，あるいは参加するつもりなのかとあわせて，子どもと
一緒に社会に関わろうとする意欲を示すことができればよいでしょう。

お子さんと災害対策について話し合っていますか。

答え方の
ポイント　非常時にはふだんの行動が反映されます。
学校でも災害対策は行われますが，日ご
ろから様々な災害に応じた適切な行動に
ついて家庭内で話し合っておき，スムー
ズに答えられるようにしておきましょう。

お子さんは, 家事の手伝いなどをしますか。

[返答例] はい, 自分から進んで, 食事のあとかたづけ などを手伝ってくれます。

・・・・・・・・・・・・・・・・・・・・・・・・・・・・・・・・・・・・・

[質問の意図] 男の子であれ, 女の子であれ, 家事手伝いの役割分担は当然のことです。勉強だけにかたよらず, 家族の一員という自覚も大切です。教育方針・しつけに通じる質問ですから, 具体例だけでなく筋のとおった考えが求められます。

答え方の ポイント 保護者の言うことを聞かない子どもが多いはずです。家庭内だからといって, 甘やかしや自分勝手な行動を許しているという印象を与えてはよくありません。「自分から進んで」がベストですが, 「頼んだことはキチンとやってくれます」程度が自然でしょう。

ひと月のおこづかいはどれぐらいですか。

答え方の ポイント 金額の多少を問題にするのではなく, どのような考えにもとづいて, いくら与えているかが焦点です。

お子さんは朝何時に起きますか。自分で起きますか。

答え方の ポイント 規則正しい学校生活をおくるうえで, 時間を守ることは大切です。ましてや朝の起床は遅刻の原因にもつながります。保護者も気をつけているが, 目覚まし時計で自分で起きようとしているという自主性を述べましょう。

入学された場合，本校に期待されることは何でしょう。

[返答例] 勉強の指導に熱心なのはもちろんですが，とくにこの学校ならではの情操(じょうそう)教育に期待しております。

・・・・・・・・・・・・・・・・・・・・・・・・・・・・・・・・

[質問の意図] 学校の校風・教育方針などを保護者がどれほど理解しているかを確かめるのがねらいですから，事前に学校説明会や学校案内などで，学校の方針を頭に入れておきましょう。

答え方のポイント 学校側は，校風・教育方針・環境施設(しせつ)・熱心な教師陣(じん)などに理解を示されるとうれしいものです。パンフレットどおりではなく，学校訪問時に受けた自分の印象など，実感を交えると効果的です。

 こんな質問も

キリスト教について，どのようにお考えですか。

答え方のポイント 一般に「ミッション校」と言われる学校では，保護者面接を行う例が多く，キリスト教の理解についてたずねる場合があります。キリスト教信者でなければ，まずその旨(むね)を伝え，そのうえでキリスト教による宗教教育に関して異存がないことをはっきりとつけ加えます。

本校の教育方針に関して，ご意見を聞かせてください。

答え方のポイント 「自主的に学ぶ姿勢を身につける」，「問題発見と課題解決の能力をのばす」，「グローバル社会で活躍する人材を育てる」など，学校ごとの教育方針を理解したうえで，共感できる点を具体的に伝えましょう。

本校以外に 受験した学校がありますか。

[返答例] この学校が第一志望ですが，念のため○○中学も受けました。

[質問の意図] 併願に関する質問は，合格辞退者の動向をさぐる目的など，事務的なものである場合がほとんどのようです。返答によって合否が大きく左右されることはほとんどないでしょう。

答え方の ポイント 併願については学校側もよく理解しています。変にとりつくろうことはせず，正直に答えましょう。ただし，「ぜひこの学校に入りたい」という意志はしっかりと示してください。

 こんな質問も

中学受験にあたって，お子さんは特別な勉強をしましたか。

答え方の ポイント 塾や家庭教師，公開試験など，実際にやってきたことを答えればよいでしょう。

私立中学校を希望した理由は何ですか。

答え方の ポイント 公立中学校にはない校風や特長をあげ，なおかつ私立校のなかでも受験校のすぐれた点に言及するとよいでしょう。ただし比較するあまり，公立中学校をことさら悪く言うことは，聞いていてよい感じはしませんから，注意しましょう。

編集協力／パナ出版企画株式会社
　　　　／株式会社東京ニュース通信社

デザイン／相京厚史／奥山朋子
イラストレーション／いつか／小川郁子
　　　　　　　　　／満身麻理
版下制作／株式会社和晃

親子でみる中学受験面接ブック 改訂三版

2023年 4 月　初版発行

著　者　声の教育社編集部
発行者　竹野　浩史
発行所　株式会社声の教育社
　　　　〒162-0814 東京都新宿区新小川町8-15
　　　　電話　03-5261-5061（代表）

＊この別冊付録はていねいに抜きとってご使用ください。

別冊付録

親子でみる
中学受験面接ブック

国公立・私立中学校
面接・実技試験 の内容

◆最近の入試での実施状況をまとめたものです。受験する年度の面接
の実施状況については，必ず各学校の入試要項でご確認ください。

もくじ

声の教育社

●有名中学面接試験の実際

　ここで紹介する面接の内容は，最近の入試での実施状況を，各学校から届いたアンケートをもとに当編集部がまとめたものです。いうまでもなくこれは過去に行われた例ということなのですが，来年度入試でも，多くの学校が前年に行った面接と同じような形式で実施すると考えられます。とはいえ，今後，面接を突然に廃止したり，面接の方法を変更する学校もあります。また，面接の内容(試問内容)についても記載以外のことが問われることもあると思われます。というのも，面接はその場のふんいきやなりゆきに左右されることがあるからです。受験する年度の面接の実施状況については，必ず各学校の入試要項でご確認ください。

　なお，アンケートにご協力いただいた各中学校には，つつしんで感謝申し上げます。

地域	学 校 名	面接日	時間	面接方法	面　接　の　内　容
	〔東　京　都〕				
千 代 田 区	大妻中学校 （女）	A	10分	○保護者同伴面接 　先生2人	志望理由，通学経路と時間，入学後の抱負，学力検査の感想，学校の教育方針への理解，クラブ活動，趣味・特技，小学校の思い出，読書，長所短所，家族，しつけ，家庭での役割・手伝い，学校の印象，出欠状況，(保護者へ)本校の教育方針の理解，家庭の教育方針 ※帰国生のみ実施 重視度 B　主眼点 B，D，F
	神田女学園中学校 （女）	A	10分	○個人面接 　先生2人	志望理由，入学後の抱負，学力検査の感想，趣味・特技 ※帰国生のみ実施 ★英語力が高まっており，また自分の考えを的確に伝えられる生徒が増えてきていると思います。 重視度 B　主眼点 D，E，F，G
	暁星中学校 （男）	A	15分 × 2回	○個人面接 　先生各2人	英語またはフランス語による面接 ※帰国生のみ実施 重視度 A　主眼点 読む，書く，聴く，話すのスキル
	麹町学園女子中学校 （女）	A	10分 15分	○個人面接 　先生2人 　(英語型) ○保護者同伴面接 　(帰国生)	志望理由，入学後の抱負，小学校の思い出，英検3～4級レベルの質問 ※英語型，帰国生のみ実施 重視度 日本語・英語で計25点　主眼点 G
	白百合学園中学校 （女）	A	7分	○保護者同伴面接 　先生2人	志望理由，入学後の抱負，学力検査の感想，クラブ活動，趣味・特技，小学校の思い出，長所短所，学校の印象，海外生活について ※帰国生のみ実施 ★本校への入学の熱意と，受験という試練を経て知的にも精神的にも成長された受験生の様子，また，その様子をご覧になって改めて子供の成長を感じて喜ぶ温かい家庭を感じます。 ★それまで頑張ってきた自分に自信を持って堂々とお話しなさる姿や，支えて下さった方々への感謝の言葉を口にする受験生の姿を頼もしく感じます。 ☆他の受験校を聞かれたが，正直に答えておいた。通知表に書かれている小学校の担任の先生のコメントについても質問された。 重視度 C　主眼点 G

※上記面接日の欄で，Aは筆記試験当日，Bは筆記試験日前，Cは筆記試験日後，Dは一次合格者発表後，Eはその他に行われることを示しています。また，重視度はA→きわめて重視する，B→重視する，C→参考程度の3段階で，主眼点はA→服装，B→態度，礼儀作法，C→ことばづかい，D→人柄，性格，E→返答内容，F→意欲，G→全般的な印象で表してあります。
★→面接をされた先生の感想，☆→面接をうけた児童・保護者の感想

地域	学 校 名	面接日	時間	面接方法	面 接 の 内 容
千 代 田 区	東京家政学院 中学校 （女）	A	10分	○個人面接 先生2人	プレゼンテーション（今まで頑張ってきたことなど）に関する質問 ※プレゼン入試のみ実施 ★内容も大切ですが，自分の言葉で発表してくれる受験生は好印象です。 （重視度）A（主眼点）B～G，プレゼンテーションの様子
	三輪田学園中 学校 （女）	A	8分	○保護者同伴面接 先生2人	入学後の抱負，小学校の思い出，長所短所，家族，家庭での役割・手伝い ※帰国生のみ実施 ★ご家庭が学校に協力的だという印象を受けた。 （重視度）C（主眼点）E，G
	和洋九段女子 中学校 （女）	A	10分	○保護者同伴面接 先生2人	志望理由，通学経路と時間，得意不得意科目，入学後の抱負，学力検査の感想，クラブ活動，趣味・特技，小学校の思い出，長所短所，自己ＰＲ，学校の印象，（保護者へ）校風や教育方針の理解，志望理由，過保護・過干渉でないか ※帰国生のみ実施 ★面接の練習をしっかりしているようで，特に問題になるようなことは少ないのですが，当たり障りのない受け応えが気になります。 （重視度）B（主眼点）D，F
港 区	慶應義塾中等 部 （共）	D	5分	○保護者同伴面接	詳細非公表 （重視度）A（主眼点）A～G
	頌栄女子学院 中学校 （女）	A	10分	○保護者同伴面接 先生2人	詳細非公表 ★面接の場で，本校に対する理解，本校入学への熱意を確認させてもらっている。 ☆待っているときは緊張したが，面接の場ではリラックスできた。短い時間に自分のことをよく知ってもらうためにはリラックスしたほうがよい。 ☆わからなければ「わかりません」と言うこと。 （重視度）C
	東京女子学園 中学校 （女）	A	15分	○保護者同伴面接	入学後の抱負，学力検査の感想，小学校の思い出，好きなこと，得意なこと，（保護者へ）家庭での教育方針や受験生の学習環境について ※1科入試，帰国生入試のみ実施 ★緊張している受験生もいたが，ハキハキと質問に答えられている受験生が昨年よりは多かったようである。 （重視度）C（主眼点）G
	東洋英和女学 院中学部 （女）	A	3分 不明	○個人面接 先生2人 （一般入試） ○保護者同伴面接 先生2人 （帰国生入試）	志望理由，学校の教育方針への理解，小学校の思い出，友人，学校の印象 ★礼儀正しく，質問にも積極的に答えようとしていた。ふだんから対話を大切にされている様子が伝わってきた。 ☆待っている間，ヒーターがついていたり，音楽が流れていたりして落ちついた。先生がやさしそうだった。 （重視度）C（主眼点）面接官の質問に対してはっきりと答えられるかどうか

※上記面接日の欄で，Aは筆記試験当日，Bは筆記試験日前，Cは筆記試験日後，Dは一次合格者発表後，Eはその他に行われることを示しています。また，（重視度）はA→きわめて重視する，B→重視する，C→参考程度の3段階で，（主眼点）はA→服装，B→態度，礼儀作法，C→ことばづかい，D→人柄，性格，E→返答内容，F→意欲，G→全般的な印象で表してあります。
★→面接をされた先生の感想，☆→面接をうけた児童・保護者の感想

地域	学 校 名	面接日	時間	面接方法	面 接 の 内 容
港	広尾学園中学校 （共）	A	10分	○個人面接 先生2人	志望理由，入学後の抱負，長所短所，海外での生活について(帰国生) ★国際生入試を中心に面接を実施していますが，志望動機等，必ず聞かれる質問をはじめ様々な質問に自ら考え，自らの言葉で話せる生徒が年々増えています。 ★帰国生は海外での経験や今後どのようにその経験を活かしていきたいかをしっかり話すことのできる生徒が多い印象です。 ※国際生，インターＡＧのみ実施 重視度 B　主眼点 B，F，英語力
区	山脇学園中学校 （女）	A	5分	○個人面接 先生1人	英検の面接と同じような内容 ※帰国生のみ実施 重視度 A　主眼点 英語力
新	海城中学校 （男）	A	10分	○個人面接 先生2人	志望理由，入学後の抱負 ※帰国生のみ実施 重視度 B　主眼点 B〜G
宿	学習院女子中等科 （女）	A	6分	○保護者同伴面接 先生2人	志望理由，通学経路と時間，得意不得意科目，入学後の抱負，学力検査の感想，学校の教育方針への理解，クラブ活動，趣味・特技，小学校の思い出，家族，出欠状況，（保護者へ）本校の教育方針の理解，家庭での教育，コミュニケーションのとり方など ★緊張している受験生・保護者の方もいらっしゃったが，本校の面接は「受験資格の確認」がおもな目的なので，ふだんの自分をすなおに出してくれれば十分。 ☆子どもへの質問が多かった。面接官の方々が笑顔で，リラックスできた。 ☆答えづらい質問はない。聞かれたことにきちんと答えればだいじょうぶ。 重視度 C　主眼点 E，F
区	成女学園中学校 （女）	A	10分	○保護者同伴面接 先生2人	志望理由，入学後の抱負，学校の教育方針への理解，小学校の思い出，（保護者へ）本校の教育方針の理解 ★受験生の方が，ご家庭で何度も練習してきて下さったことがよくわかり，誠実さが感じられました。 重視度 B　主眼点 D，F
	目白研心中学校 （共）	A	10分	○保護者同伴面接 先生2人	志望理由，入学後の抱負，学力検査の感想，小学校の思い出，長所短所，自己ＰＲ ※帰国生のみ実施 重視度 B　主眼点 B，D，E

※上記面接日の欄で，Aは筆記試験当日，Bは筆記試験日前，Cは筆記試験日後，Dは一次合格者発表後，Eはその他に行われることを示しています。また，重視度はA→きわめて重視する，B→重視する，C→参考程度の3段階で，主眼点はA→服装，B→態度，礼儀作法，C→ことばづかい，D→人柄，性格，E→返答内容，F→意欲，G→全般的な印象で表してあります。
★→面接をされた先生の感想，☆→面接をうけた児童・保護者の感想

地域	学 校 名	面接日	時間	面接方法	面 接 の 内 容
文 京 区	跡見学園中学校 （女）	A	7分 20分	○個人面接 （英語） ○保護者同伴面接 （帰国生）	詳細非公表 ※英語コミュニケーションスキル入試，帰国生入試のみ実施 ★受験生の皆さんは，緊張しながらも，自分の体験を一生懸命表現していました。 ★素直で海外での経験を今後どう生かしていくかをよく考えていることがよく伝わりました。 ★保護者の方々も，子どもとよくコミュニケーションがとれている様子で，全ての質問に的確に丁寧に答えて下さいました。 （重視度）A
	桜蔭中学校 （女）	A	不明	○記述による面接	詳細非公表 （重視度）C　（主眼点）E
	京華中学校 （男）	A	20分 20分	○個人面接 先生2人 ○保護者面接 先生2人	志望理由，得意不得意科目，小学校の思い出 ※帰国生のみ実施 ★あらかじめ練習をしている子もいれば，そうでない子もいたが，全体的に受け答えがしっかりしており，質問に対して的確に答えていた。 ★答えを通じて，家庭における日頃のしつけや指導が行き届いていることを感じることができた。 （重視度）B
	京華女子中学校 （女）	A	5分	○個人面接 先生2人	志望理由，得意不得意科目，入学後の抱負，学力検査の感想，長所短所，学校の印象，併願校 ★予想していなかった質問をされても慌てずに答えてください。 ★答えをまとめるための時間が必要であれば面接官に伝えてください。無言でいるよりは，面接官も安心します。 （重視度）B　（主眼点）F
	駒込中学校 （共）	A	10〜 15分	○個人面接 先生2人	入学後の抱負，小学校の思い出，自己PR，学校の印象 ※帰国生のみ実施 （重視度）B　（主眼点）F，G
	淑徳SC中等部 （女）	A	10分	○個人面接 先生2人	志望理由，得意不得意科目，入学後の抱負，小学校の思い出 （重視度）B　（主眼点）G
	貞静学園中学校 （共）	A	10分	○個人面接 先生2人	志望理由，入学後の抱負，学力検査の感想，小学校の思い出，友人，長所短所，併願校 ★しっかりと準備をし，緊張しながらも一生懸命に面接に臨んでいただいており，好印象を持ちました。 ★状況に応じて自分の言葉で話せる生徒は好印象。 ★受験生は，例年，説明会や行事に数多く参加しており，緊張することなく面接に臨んでいた。 ★将来の方向，進路などを考えている生徒がふえてきた。 ★意欲的で，質問にもハキハキ答える生徒が多い。 ★用意してきた答えを「セリフ」としてしゃべるのではなく，「自分の言葉」で答える方が好印象。 （重視度）B　（主眼点）B，C，E〜G
	東邦音楽大学附属東邦中学校 （共）	A	不明	○保護者同伴面接 先生2人	詳細非公表 ★明るく元気な声で返事や応答をしていて，好印象であった。
	広尾学園小石川中学校 （共）	A	10分	○個人面接 先生2人	詳細非公表 ※帰国生のみ実施

※上記面接日の欄で，Aは筆記試験当日，Bは筆記試験日前，Cは筆記試験日後，Dは一次合格者発表後，Eはその他に行われることを示しています。また，（重視度）はA→きわめて重視する，B→重視する，C→参考程度の3段階で，（主眼点）はA→服装，B→態度，礼儀作法，C→ことばづかい，D→人柄，性格，E→返答内容，F→意欲，G→全般的な印象で表してあります。
★→面接をされた先生の感想，☆→面接をうけた児童・保護者の感想

地域	学 校 名	面接日	時間	面接方法	面 接 の 内 容
江東区	かえつ有明中学校 （共）	A	15〜20分	○グループ面接 先生2人 生徒2〜5人 （英語）	英語の運用能力をはかる質問 ※帰国生のみ実施 （重視度）B　（主眼点）E，F，英語の運用能力
	中村中学校 （女）	A	不明	○個人面接 先生3人	詳細不明 ※ポテンシャル入試のみ実施 ※自己アピールまたは英会話＋日本語面接 ★皆，自己アピールがしっかりできており，好印象でした。 （重視度）B　（主眼点）F
品川区	攻玉社中学校 （男）	A	10分	○保護者同伴面接 先生2人	海外での学校生活，（保護者へ）家庭での教育，海外生活で留意した点 ※国際学級入試のみ実施 ★自分の意見をハッキリいえる受験生がひじょうに多い。 （重視度）C　（主眼点）C，G
	品川女子学院 中等部 （女）	A	8分	○個人面接 先生3人	滞在していた国での経験や小学校生活など ※帰国生のみ実施 （重視度）C　（主眼点）A〜G
	青稜中学校 （共）	A	5分	○個人面接 先生1人	入学後の抱負，小学校の思い出 ※帰国生のみ実施 ★緊張感をもってのぞんでおり，どの生徒も好印象である。 ★面接だけでいえば，どの受験生も一緒に学んでいきたいと感じている。 ★しっかりと練習してきているが，不意な質問に対してはにかみながらも自分の言葉で答えている生徒は，いいまわしや言葉使いに関係なく素敵である。 （重視度）C　（主眼点）D，E，G
目黒区	トキワ松学園 中学校 （女）	B	5〜10分	○個人面接 先生2人	志望理由，得意不得意科目，入学後の抱負，趣味・特技，小学校の思い出，長所短所，写真を使用しての質問（英語） ※英語コミュニケーション，帰国生のみ実施 （重視度）B　（主眼点）E
	日本工業大学 駒場中学校 （共）	A	5〜10分	○個人面接 先生2人	発表内容に対する質問 ※自己アピール型，プレゼンテーション型のみ実施 （重視度）B　（主眼点）総合的に判断
	八雲学園中学校 （共）	A	10分	○保護者同伴面接 先生1人	志望理由，入学後の抱負，海外生活について，（保護者へ）本校の教育方針の理解 ※帰国生のみ実施 （重視度）C　（主眼点）D，F

※上記面接日の欄で，Aは筆記試験当日，Bは筆記試験日前，Cは筆記試験日後，Dは一次合格者発表後，Eはその他に行われることを示しています。また，（重視度）はA→きわめて重視する，B→重視する，C→参考程度の3段階で，（主眼点）はA→服装，B→態度，礼儀作法，C→ことばづかい，D→人柄，性格，E→返答内容，F→意欲，G→全般的な印象で表してあります。
★→面接をされた先生の感想，☆→面接をうけた児童・保護者の感想

地域	学 校 名	面接日	時間	面接方法	面 接 の 内 容
大田区	清明学園中学校（共）	A	10分 10分	○個人面接 先生3人 ○保護者面接 先生3人	志望理由，入学後の抱負，学力検査の感想，学校の教育方針への理解，趣味・特技，長所短所，併願校 ★面接会場以外の場所での態度，行動もチェックする場合がある。 ★本校について十分理解したうえで受験されている家庭が多い。 重視度 A　主眼点 B〜D
世田谷区	国本女子中学校（女）	A	15分	○個人面接 先生2人	得意不得意科目，入学後の抱負，学力検査の感想 重視度 B　主眼点 C，F
	恵泉女学園中学校（女）	A	15分	○保護者同伴面接 先生2人	志望理由，入学後の抱負，学力検査の感想，小学校の思い出，（保護者へ）キリスト教教育の理解 ※帰国生枠のみ実施 重視度 B　主眼点 E
	佼成学園女子中学校（女）	A	5分	○個人面接 先生2人	志望理由，入学後の抱負，学校の教育方針への理解，小学校の思い出，学校の印象 ※帰国生のみ実施 重視度 C　主眼点 B，C，E，F
	国士舘中学校（共）	A	5分	○個人面接 先生2人	志望理由，通学経路と時間，得意不得意科目，入学後の抱負，学力検査の感想，クラブ活動，長所短所，家庭での役割・手伝い ★保護者の方，塾の先生にいろいろな質問を考えていただいて練習している受験生は落ち着いて答えられています。 ★普段は面接を意識した生活をしている訳ではないですから，入試前に「こういうことを問われたら…?」という想定で練習をすることが良い印象の面接につながります。逆に全く練習していない場合，自分のことでも相手にわかるように答えるのは難しいです。 ★はっきりと適度な声の大きさで話しができること，返事や挨拶ができることは質問に答える以前に，できる・できないで印象が大きく異なります。質問に対して語尾までしっかり答えられること，また単語で回答しないことも印象に影響します。 重視度 A　主眼点 B，C，E
	成城学園中学校（共）	A	8分 8分	○個人面接 先生2人 ○保護者面接	志望理由，将来の夢など，（保護者へ）海外滞在中の教育状況，志望理由，学校への要望など ※帰国生のみ実施 重視度 B　主眼点 D
	玉川聖学院中等部（女）	A	15分 15分	○グループ面接 先生2人 生徒5人 （一般入試） ○個人面接 先生2人 （多文化共生入試）	志望理由，通学経路と時間，入学後の抱負，小学校の思い出，海外での体験について ★緊張の中にも礼儀正しくきちんと受け答えができていた。小学生らしい素直な表現がよいと感じた。 重視度 C　主眼点 G
	三田国際学園中学校（共）	A	10分	○個人面接 先生2人	詳細不明 ※ISC・ICクラスのみ実施 重視度 B　主眼点 英語，日本語の言語運用能力

※上記面接日の欄で，Aは筆記試験当日，Bは筆記試験日前，Cは筆記試験日後，Dは一次合格者発表後，Eはその他に行われることを示しています。また，重視度 はA→きわめて重視する，B→重視する，C→参考程度の3段階で，主眼点 はA→服装，B→態度，礼儀作法，C→ことばづかい，D→人柄，性格，E→返答内容，F→意欲，G→全般的な印象で表してあります。
★→面接をされた先生の感想，☆→面接をうけた児童・保護者の感想

地域	学校名	面接日	時間	面接方法	面接の内容
渋谷区	実践女子学園中学校（女）	A	5分	○個人面接 先生2人 （思考表現入試）	志望理由，得意不得意科目，入学後の抱負，学力検査の感想，学校の教育方針への理解，趣味・特技，小学校の思い出，長所短所，自己PR ※思考表現入試・帰国生で実施
			25分	○個人面接 先生2人 （帰国生入試）	★対面の面接に関しては，事前にしっかりと面接練習を行い，準備をしてきた印象が強い。オンライン面接は，機器の扱いも含め，臨機応変な対応に慣れている感じであった。全体として礼儀正しく，質問に対する受け答えもしっかりしていた。 ★面接での応答で，問題文に対する受験生の理解度の差が明らかになった。 ★自分の言葉で的確に返答する姿勢，積極的にコミュニケーションをとろうという姿勢が好印象だった。 重視度 A　主眼点 E～G
	渋谷教育学園渋谷中学校（共）	A	15分	○グループ面接 ｛先生2人 ｛先生6人	志望理由，入学後の抱負 ※帰国生のみ実施 重視度 A（英語型）
	東京女学館中学校（女）	A	5分	○個人面接 先生2人	志望理由，入学後の抱負，学力検査の感想，学校の教育方針への理解，小学校の思い出 ※国際学級帰国生入試のみ実施 ★本校での学校生活について具体的なイメージや目標を話して下さる受験生は，本校のことをよく知って下さっているなと感じます。 ★国際学級のプログラムについて興味を持っていてよく調べている受験生は好印象です。 ☆待ち時間が一番不安でした。面接官の先生方は，受験生の緊張をほぐそうと気づかってくださいました。 重視度 B　主眼点 B，E～G
	富士見丘中学校（女）	A	10分	○個人面接 先生2人 （WILL入試）	志望理由，通学経路と時間，得意不得意科目，入学後の抱負，学力検査の感想，クラブ活動，趣味・特技，小学校の思い出，（保護者へ）本校の教育への基本的な理解 ※WILL入試，帰国生のみ実施
			10分	○保護者同伴面接 先生2人 （帰国生）	★WILL入試の面接は，「本校への意志・意欲」をみるとお伝えしているので，しっかり準備してきている生徒が多い。 ★帰国生入試では，現地での経験を生き生き語ってくれ，楽しい雰囲気の面接になることも多い。 ★中学校で頑張っていきたいこと，自分がこれまで打ち込んできたことを具体的に説明する生徒は好印象。 ☆とても緊張するかもしれないけど，落ち着いてがんばってください。 重視度 B　主眼点 E，F
中野区	大妻中野中学校（女）	A	20分	○保護者同伴面接 先生2人	志望理由，得意不得意科目，入学後の抱負，学校の教育方針への理解，趣味・特技，小学校の思い出，友人，長所短所，休日のすごし方，学校の印象，関心のあるニュース ※帰国生のみ実施 ★志望動機はもちろんですが，自分自身についてや将来のことなどしっかりと具体的に考えて答えてくれる受験生が目立ちました。 ★口頭試問的な質問はしません。日頃から自分自身をみつめ，また社会で起きていることに目をむけてよく考えるようにしているとよいと思います。 重視度 A　主眼点 E，F

※上記面接日の欄で，Aは筆記試験当日，Bは筆記試験日前，Cは筆記試験日後，Dは一次合格者発表後，Eはその他に行われることを示しています。また，重視度はA→きわめて重視する，B→重視する，C→参考程度の3段階で，主眼点はA→服装，B→態度，礼儀作法，C→ことばづかい，D→人柄，性格，E→返答内容，F→意欲，G→全般的な印象で表してあります。
★→面接をされた先生の感想，☆→面接をうけた児童・保護者の感想

地域	学 校 名	面接日	時間	面接方法	面 接 の 内 容
中 野 区	実践学園中学校 （共）	A	10分 10分	○個人面接 先生3人 ○保護者面接 先生2人	志望理由，入学後の抱負，海外生活で営んだこと，筆記試験（作文）の内容について，（保護者へ）本校の教育方針の理解，ご家庭でのご子女の様子 ※LA&Sクラス，帰国生のみ実施 ★海外での語学生活を通して，考え方が柔軟になったり，感情の表現が豊かになるなど，印象はとても良い。 ★異なった生活文化に適応していくことで，本校に入学した後もすぐに馴染んでいくことができている。 ★志が高く自主性のあふれる生徒，コミュニケーション能力が高く表情が明るい生徒は好印象。 （重視度）A　（主眼点）E，F
	新渡戸文化中学校 （共）	A	不明	○グループ面接 先生1人 生徒4人	詳細不明 ★説明会等で本校の方針を理解しているかどうかがよく見える。 ★積極的に取り組む，他者のアドバイスを上手く受けとめる生徒は好印象。 （重視度）A　（主眼点）グループ内での振るまい等
	宝仙学園中学校共学部理数インター （共）	A	15分	○個人面接 先生2人	志望理由，入学後の抱負，自己PR ★よく準備をして来ている人と，準備が十分でない人と，大きく分かれました。 （重視度）B　（主眼点）D
杉 並 区	光塩女子学院中等科 （女）	A	3分	○保護者同伴面接 先生2人	志望理由，学力検査の感想，学校の教育方針への理解，小学校の思い出，長所短所 ★よく本校のことを研究しており，本校で学びたいという熱意が伝わってきた。 ★「模範解答」のようなものを暗記して答えるのは好ましくない。 ☆なごやかな面接なので，明るくはっきりと答えれば大丈夫。 （重視度）C　（主眼点）参考程度
	国学院大学久我山中学校 （別）	A	5～10分 5～10分	○個人面接 先生2人 ○保護者面接 先生2人	志望理由，得意不得意科目，外国生活での思い出について，日本に帰国してから困ったことはあるか，本校に入学したらどのような学校生活を送りたいか，（保護者へ）本校の教育方針の理解など ※帰国生のみ実施 （重視度）C　（主眼点）B，E
	女子美術大学付属中学校 （女）	A	3分 10分	○個人面接 先生1人 （一般入試） ○保護者同伴面接 先生2人 （帰国生入試）	志望理由，通学経路と時間，入学後の抱負，学力検査の感想，小学校の思い出，出願時に提出する作文の内容について ★絵や工作など美術的なことが好きなためか，自分の好きなことや将来のことなどを自分の言葉ではっきりと語ることのできる生徒が多いようだ。 ☆まちがえても気にしないで，ハキハキ答えるとよい。 （重視度）B　（主眼点）G
	立教女学院中学校 （女）	A	10分	○保護者同伴面接 先生2人	詳細非公表 ★全般に親・子ともに好感をもてたが，子どもが返答に困っているとき，親が小声でささやいたりするのは見苦しい。 （重視度）C（合否に影響しない） （主眼点）キリスト教教育による人間形成への理解

※上記面接日の欄で，Aは筆記試験当日，Bは筆記試験日前，Cは筆記試験日後，Dは一次合格者発表後，Eはその他に行われることを示しています。また，（重視度）はA→きわめて重視する，B→重視する，C→参考程度の3段階で，（主眼点）はA→服装，B→態度，礼儀作法，C→ことばづかい，D→人柄，性格，E→返答内容，F→意欲，G→全般的な印象で表してあります。
★→面接をされた先生の感想，☆→面接をうけた児童・保護者の感想

地域	学校名	面接日	時間	面接方法	面接の内容
豊 島 区	学習院中等科（男）	A	不明	○グループ面接 ○保護者面接	詳細不明 ※帰国生のみ実施 ★説明内容に関する理解が速く，優秀な受験生が多いように感じている。 ★部屋ごとに面接官の人数もやり方も異なる。また，年度により，時間や人数も変わる。 （重視度）B
	淑徳巣鴨中学校（共）	A	10分 10分	○個人面接 先生2人 ○保護者面接 先生2人	志望理由，入学後の抱負，クラブ活動，小学校の思い出，読書，家族，関心のあるニュース ※帰国生のみ実施 ★本校を第一希望としている受験生が多く，前向きで，学習意欲を旺盛にしており，期待がもてた。 （重視度）B （主眼点）D，G
	城西大学附属城西中学校（共）	A	10分	○個人面接 先生3人	志望理由，学力検査の感想，小学校の思い出，長所短所，自己PR，出欠状況，海外生活について，英語を学んだ理由・背景 ※英語技能試験，帰国生のみ実施 ★学校生活や人間関係にも前向きで，本校の求める生徒像に合った方がいる一方で，「英語さえできれば他はできなくてもよい」という考えを持つ方も若干目立ち始めました。 ★英語の学習を続けた努力をPRするだけでなく，「なぜ私学で，本校で学びたいと考えたのか」を語っていただきたいです。
	立教池袋中学校（男）	A	7分	○個人面接 先生2～3人	詳細非公表 ※第2回入試，帰国生のみ実施 ★面接時間7分の半分（3分30秒）くらいを自己アピールの目安としているが，短すぎたり長すぎたりする場合がある。できるだけ目安の時間に近づけるように，その場でうながしている。 ★自分の実績を賞状や作品を見せながら，また，実技（芸術・体育）をしながら元気よく自己アピールする姿が印象的。 ★小学校生活を通じて，情熱をかたむけたことや，その成果，今後の抱負などをアピールしてもらっている。内容やテーマ，説明のしかたなどは自由。 （重視度）（第2回）A，（帰国生）B
北 区	桜丘中学校（共）	A	10分	○個人面接 先生1人	英検の取得級に応じたもの ※英検利用入試のみ実施 （重視度）A （主眼点）積極的に英語でコミュニケーションを取ろうとする姿勢
	サレジアン国際学園中学校（共）	A	10分	○個人面接 先生2	志望理由，入学後の抱負，趣味・特技，読書，長所短所 ※インターナショナルAdvancedのみ実施 ★たいへん意欲的な生徒が多く，自分の思いや考えを一生懸命伝えようとする姿勢が見られました。 ★自分の頭で考え，情熱をもって，また理路整然と話すことの出来ていた生徒は好印象。 （重視度）B （主眼点）F，英語運用能力

※上記面接日の欄で，Aは筆記試験当日，Bは筆記試験日前，Cは筆記試験日後，Dは一次合格者発表後，Eはその他に行われることを示しています。また，（重視度）はA→きわめて重視する，B→重視する，C→参考程度の3段階で，（主眼点）はA→服装，B→態度，礼儀作法，C→ことばづかい，D→人柄，性格，E→返答内容，F→意欲，G→全般的な印象で表してあります。
★→面接をされた先生の感想，☆→面接をうけた児童・保護者の感想

地域	学校名	面接日	時間	面接方法	面接の内容
北区	順天中学校（共）		英語と日本語で各15分	○個人面接 先生2人	海外滞在歴，自己紹介，現地での日本語学習と帰国後の英語力の維持，入学後の抱負 ※帰国生のみ実施（英語面接と日本語面接） ★こちらの質問にしっかりと，懸命に答えようとする受験生がほとんどでした。 ★どんな質問にも丁寧に，真摯に答えようとする生徒に好感が持てました。また，こちらにきちんと届く音量ではっきりと答えようとする生徒に好印象を受けました。 **重視度** B　**主眼点** E〜G
	女子聖学院中学校（女）	A	15分 8分 5分 20分	○個人面接 ○保護者同伴面接 先生2人 （英語表現力入試） ○個人面接 ○保護者同伴面接 先生2人 （BaM表現力入試） ○保護者同伴面接 先生2人 （帰国生入試）	志望理由，得意不得意科目，学校の教育方針への理解，小学校の思い出，自己PR，家庭での英語学習の様子，（保護者へ）本校の教育方針の理解 ※英語表現力入試，BaM表現力入試，帰国生入試で実施 **重視度** B　**主眼点** F，G
	聖学院中学校（男）	A	20分	○個人面接 先生2〜4人	志望理由，入学後の抱負，学力検査の感想，趣味・特技，小学校の思い出，長所短所 ※英語選抜，グローバル思考力特待，特待生，帰国生で実施 ★受験生一人ひとりの想いや素晴らしい賜物に数多く触れることができた入試だった。 ★全体的に学力の高い受験生が増加し，記述問題や面接で言葉をつむぐ力を発揮する受験生が多く見られた。 ★社会や未来のことを考え，私たちに発表してくれる姿に，彼らの人生の一部をお預かりするという厳粛な気持ちを改めて感じた。 ★特待生入試の面接の中で，「あなたにとって特待生とは？」という質問に対し，「一般的な学校なら点数が高い人が合格になるのでしょうけど，聖学院ではお互いに協力してより良いものをつくりあげられる人が求められていると思う」という言葉を返した受験生がいた。聖学院と向きあって，自分の内面を表現できる回答に感動した。 **重視度** A　**主眼点** D，E，F
	瀧野川女子学園中学校（女）	A	5分	○個人面接 先生2人	志望理由，通学経路と時間，得意不得意科目，入学後の抱負，家庭での役割・手伝い ★自分の考えをしっかりと話すことができるように練習してください。 **重視度** A　**主眼点** D，E，G
	東京成徳大学中学校（共）	A	不明	不明	詳細非公表 ※帰国生のみ実施 ★本校の帰国生に対する面接は試験というニュアンスではなく，面談という要素が強いです。 ★帰国後の生活において言葉の問題や生活環境などヒヤリングを行い，サポート体制を構築することを目的としています。

※上記面接日の欄で，Aは筆記試験当日，Bは筆記試験日前，Cは筆記試験日後，Dは一次合格者発表後，Eはその他に行われることを示しています。また，**重視度**はA→きわめて重視する，B→重視する，C→参考程度の3段階で，**主眼点**はA→服装，B→態度，礼儀作法，C→ことばづかい，D→人柄，性格，E→返答内容，F→意欲，G→全般的な印象で表してあります。
★→面接をされた先生の感想，☆→面接をうけた児童・保護者の感想

地域	学 校 名	面接日	時間	面接方法	面 接 の 内 容
荒川区	北豊島中学校（女）	A（Bも可）	5分	○個人面接 先生1人	志望理由，通学経路と時間，得意不得意科目，入学後の抱負，学力検査の感想，趣味・特技，小学校の思い出，通学塾，長所短所，休日のすごし方，家庭での役割・手伝い，自己ＰＲ，学校の印象，併願校，1日の学習時間，海外での経験，英語に関する取り組み ※帰国生のみ実施 ★「特別な練習は必要ありません」と説明会で言っているのに，家庭で練習してきている受験生が多いようだ。 ★みんな一生懸命なようすで，ほほえましい。 ★たいへんな緊張の中での面接なので，質問する我々もやさしく，ゆっくり話すよう心がけている。 重視度 C　主眼点 D～G
板橋区	淑徳中学校（共）	A	5分	○個人面接 先生2人	志望理由，得意不得意科目，入学後の抱負，学力検査の感想，クラブ活動，小学校の思い出，長所短所，自己ＰＲ ※英語入試，帰国生入試のみ実施 ★英語面接で質問される一般的な内容は，どの生徒もよく答えられていた。 ★自分の想定していなかった質問に対しては，受験生によって差があった。 ★ネイティブの先生の質問に対してのレスポンスが速く，自分の考えをしっかりと英語で伝えることができる生徒は好印象。 重視度 B（一般入試），A（帰国生）　主眼点 B，F
練馬区	富士見中学校（女）	B	20分	○保護者同伴面接 先生2人	志望理由，入学後の抱負，趣味・特技，小学校の思い出，長所短所，（保護者へ）本校の英語教育の環境についての理解 ※帰国生のみ実施 ★自分の言葉でしっかりと話す生徒，中学に入学してから色々とチャレンジしたいという意欲のある生徒は好印象。 重視度 C　主眼点 D，E
足立区	足立学園中学校（男）	A	5分	○保護者同伴面接 先生2人	志望理由，入学後の抱負，学校の教育方針への理解，将来の目標や夢，（保護者へ）教育方針の理解，親子関係 ※第1回志入試のみ実施 ★どのご家庭も本校への熱い思いがあり，入学希望の意欲が伝わってきた。 ★きちんと答えている我が子の様子を見て喜んでいらっしゃる保護者様が印象的でした。 ★単なる夢や目標だけでなく，世のため人のためになる夢や目標を述べていて，志の意味を理解できている生徒は好印象。 重視度 A　主眼点 B，E，F
葛飾区	共栄学園中学校（共）	A	5分	○個人面接 先生2人	志望理由，入学後の抱負，学力検査の感想，クラブ活動，趣味・特技，小学校の思い出 ★準備はしてきているが，必要以上に飾り立ててはいない印象。 ★「言いたいこと」ではなく「こちらが答えて欲しいこと」を適切に回答する生徒は好印象。 ☆やさしい質問だから，ありのまま答えればＯＫ。 重視度 C　主眼点 B
江戸川区	愛国中学校（女）	A	10分	○保護者同伴面接 先生1人	志望理由，通学経路と時間，得意不得意科目，入学後の抱負，学校の教育方針への理解，小学校の思い出，健康状態，家族，出欠状況 重視度 A　主眼点 A～G

※上記面接日の欄で，Aは筆記試験当日，Bは筆記試験日前，Cは筆記試験日後，Dは一次合格者発表後，Eはその他に行われることを示しています。また，重視度はA→きわめて重視する，B→重視する，C→参考程度の3段階で，主眼点はA→服装，B→態度，礼儀作法，C→ことばづかい，D→人柄，性格，E→返答内容，F→意欲，G→全般的な印象で表してあります。
★→面接をされた先生の感想，☆→面接をうけた児童・保護者の感想

地域	学 校 名	面接日	時間	面接方法	面 接 の 内 容
江戸川区	江戸川女子中学校（女）	A	10分	○個人面接 先生2人	志望理由，得意不得意科目，学校の教育方針への理解，読書 ※英語特化型，帰国生のみ実施 ★みなさんしっかりと受けてくださり，マナーもきちんとしていました。 ★英語面接なので，教室に入ったときに"Hello!"とあいさつを元気にし，笑顔で対応している姿がとてもよかったです。 （重視度）A（主眼点）B～F
八王子市	穎明館中学校（共）	A	10分	○個人面接 先生2人	志望理由，入学後の抱負，学力検査の感想，将来の希望 ※帰国生のみ実施 （重視度）C（主眼点）G
	共立女子第二中学校（女）	A	5分	○個人面接 先生2人	志望理由，通学経路と時間，得意不得意科目，入学後の抱負，学力検査の感想，趣味・特技，長所短所，自己PR，関心のあるニュース ※英語入試，帰国生入試のみ実施 ★どの生徒もしっかりとした受け答えでした。 ★用意してきたことをそのまますぐに話すというより，こちらの質問によく考えてから話し始める生徒は好印象だと思います。 （重視度）B（主眼点）B，C，E，G
	工学院大学附属中学校（共）	A	10分	○保護者同伴面接 先生1人	志望理由，入学後の抱負，小学校の思い出，長所短所，（保護者へ）本校の教育方針の理解 ※帰国生のみ実施 ★変わった質問はしませんので，緊張せずに臨んでください。 （重視度）B（主眼点）E，英語力
立川市	都立立川国際中等教育学校（共）	A	不明	○個人面接	志望理由，入学後の抱負 ※帰国生のみ実施 （重視度）A（主眼点）E，F
武蔵野市	聖徳学園中学校（共）	A	5分	○個人面接 先生2人	志望理由，得意不得意科目，入学後の抱負，趣味・特技，小学校の思い出，長所短所，自己PR ※AO入試，プログラミング入試，帰国生入試で実施 ★積極的で意欲が高いと思われる児童と，あまり話のできない児童との差が著しい。 ★面接の練習のしすぎで，自分の考えを述べているとは思えない児童もいた。 （重視度）A（主眼点）D，F，G
	成蹊中学校（共）	A	7分	○個人面接 先生2人	志望理由，通学経路と時間，得意不得意科目，入学後の抱負，学力検査の感想，趣味・特技，小学校の思い出，友人，長所短所，併願校，海外での生活や学習について ※帰国生のみ実施 ★様々なバックグラウンドを持った生徒が多く受験してくれました。 ★海外での生活について積極的に話をしてくれる生徒は好印象を受けます。 （重視度）B（主眼点）D～G
三鷹市	明星学園中学校（共）	A	10分	○グループ面接 {先生2人 生徒2人	志望理由，趣味・特技 ★子どもたちのよいところを引き出すことができ，おもしろい面接になったと思う。 ★自分自身のことばで表現しているかがポイント。 （重視度）B（主眼点）F，G

※上記面接日の欄で，Aは筆記試験当日，Bは筆記試験日前，Cは筆記試験日後，Dは一次合格者発表後，Eはその他に行われることを示しています。また，（重視度）はA→きわめて重視する，B→重視する，C→参考程度の3段階で，（主眼点）はA→服装，B→態度，礼儀作法，C→ことばづかい，D→人柄，性格，E→返答内容，F→意欲，G→全般的な印象で表してあります。
★→面接をされた先生の感想，☆→面接をうけた児童・保護者の感想

地域	学 校 名	面接日	時間	面接方法	面 接 の 内 容
府中市	明星中学校 （共）	A	不明	○個人面接 先生2人	志望理由，通学経路と時間，得意不得意科目，入学後の抱負，学力検査の感想，学校の教育方針への理解，クラブ活動，趣味・特技，小学校の思い出，友人，読書，長所短所 ★前向きな印象の受験生が多かったと感じました。 ★問われたことに，しっかりと答えることができる生徒は好印象。 重視度 B　主眼点 B，C，E
調布市	桐朋女子中学校 （女）	A	15分	○個人面接 先生2人	準備室での授業内容について ※A入試，帰国生入試のみ口頭試問で実施 ★授業内容についてよく考えて自分なりの言葉や文章で答える受験生，試問室で授業内容についてさらに理解を深める受験生，たとえ授業時に理解が及ばなくても試問室で粘り強く理解に努めようとする受験生は好印象。 重視度 B　主眼点 E，準備室での授業内容の理解について
布市	ドルトン東京学園中等部 （共）	A	10分 10分	○個人面接 先生2人 （思考・表現型） ○保護者同伴面接 先生2人 （帰国生）	志望理由，入学後の抱負，学校の教育方針への理解，趣味・特技，自己PR，（保護者へ）本校の教育方針の理解，家庭での教育，本人の性格・長所 ※思考・表現型，帰国生のみ実施 ★大半の受験生が本校の教育方針を理解し，具体的な学校生活をイメージして受験していると感じた。 ★しっかりと自己分析ができる受験生，こちらの質問をよく考えて適確な答えを返す受験生，自分の考えをしっかり持っている受験生は好印象。 重視度 B　主眼点 E〜G
昭島市	啓明学園中学校 （共）	A	10分	○個人面接 先生1人	志望理由，読書 ※帰国生のみ実施 重視度 B　主眼点 B，E〜G
あきる野市	東海大学菅生高等学校中等部 （共）	A	不明	○グループ面接 ｛先生2人 　生徒3人	志望理由，通学経路と時間，入学後の抱負，学力検査の感想，学校の教育方針への理解，クラブ活動，趣味・特技，小学校の思い出，長所短所 ★近年，きっちりした態度でしっかり話すことのできない生徒が増えたようだ。 ★前もって練習してきた生徒は，型にはまった答えが多かった。 重視度 B　主眼点 A〜G
町田市	桜美林中学校 （共）	A	20分	○個人面接 先生2人	入学後の抱負，小学校の思い出，日本との違い ※帰国生のみ実施 重視度 A　主眼点 C，E〜G
田市	和光中学校 （共）	A	7分	○個人面接 先生2人	志望理由，得意不得意科目，入学後の抱負，小学校の思い出，友人，長所短所，併願校 ★自分のことを自分の言葉で相手に分かる様に説明できると良いです。 ★具体的に自分のことなどを説明できる生徒は好印象。 重視度 A　主眼点 E，G

※上記面接日の欄で，Aは筆記試験当日，Bは筆記試験日前，Cは筆記試験日後，Dは一次合格者発表後，Eはその他に行われることを示しています。また，重視度はA→きわめて重視する，B→重視する，C→参考程度の3段階で，主眼点はA→服装，B→態度，礼儀作法，C→ことばづかい，D→人柄，性格，E→返答内容，F→意欲，G→全般的な印象で表してあります。
★→面接をされた先生の感想，☆→面接をうけた児童・保護者の感想

地域	学校名	面接日	時間	面接方法	面接の内容
小金井市	中央大学附属中学校（共）	D	不明	○個人面接	詳細非公表 ※帰国生のみ実施 重視度 B
小金井市	武蔵野東中学校（共）	A	7〜8分 10分	○個人面接 先生2人 （一般入試） ○保護者面接 先生3人 （AO入試）	志望理由，入学後の抱負，学校の教育方針への理解，併願校，外国生活で得たもの，英語によるゲーム（EE入試），（保護者へ）本校の教育方針の理解 ★自分が打ち込んできたことを中学校生活に結びつけていくイメージをしっかりもっていると好印象。 ★校風をよく理解し，入学後に力を入れたいことを述べられることが大切です。 ☆予想していないことを聞かれたので，とまどった。 重視度 B　主眼点 B，E，F
小平市	サレジオ中学校（男）	A	10分	○保護者同伴面接 先生2人	志望理由，入学後の抱負，学力検査の感想，学校の教育方針への理解，クラブ活動，小学校の思い出，自己PR，併願校，（保護者へ）本校の教育方針の理解，本人との関わり方 ★「入学したい」という意識を持って，入試にのぞんでいる受験生が多かった印象があります。 ★本人の意志で意欲的に入試にむかっている姿勢のみえる生徒は好印象。 重視度 A　主眼点 F，自己PRをその生徒なりに準備しているか，そこに向けて家族が協力しているか
小平市	白梅学園清修中学校（女）	A	15分	○個人面接 先生2人	志望理由，通学経路と時間，得意不得意科目，趣味・特技，小学校の思い出，読書，長所短所，自己PR，英語によるあいさつなど，コミュニケーション ※英語入試，自己表現入試のみ実施 重視度 B　主眼点 C〜G，正しい英語を話すことができるか
国立市	国立音楽大学附属中学校（共）	A	10分	○グループ面接 先生2人	志望理由，入学後の抱負，小学校の思い出，長所短所 ★所作に落ち着きがなかったり，質問に対して不適切な返答をしたりするのは好ましくない。 ★塾などで準備してきた子とそうでない子との差があったが，マニュアル的な対応は求めない。ていねいな言葉遣いができればよい。 ★緊張して思うように答えられなくても，素直に自分を表現できることが好ましいと考えている。 重視度 C　主眼点 G
東村山市	日本体育大学桜華中学校（女）	A	5分	○保護者同伴面接 先生2人	志望理由，通学経路と時間，入学後の抱負，学校の教育方針への理解，クラブ活動，趣味・特技，小学校の思い出，家族，家庭での役割・手伝い，小学校の校長・担任の名前，（保護者へ）教育方針や指導への理解 ★面接は合否に影響を与えるというものではなく，本校に入学してきた時に学校側が知っておくべきことを確認するためのものです。安心して，そして素直に話して下さい。 重視度 B　主眼点 F，G
東久留米市	自由学園中等科（共）	A	8〜10分 8〜10分	○個人面接 先生3〜4人 ○保護者面接 先生2〜3人	志望理由，得意不得意科目，入学後の抱負，学校の教育方針への理解，クラブ活動，趣味・特技，小学校の思い出，長所短所，家族，しつけ，家庭での役割・手伝い，関心のあるニュース 重視度 A　主眼点 B〜D，F

※上記面接日の欄で，Aは筆記試験当日，Bは筆記試験日前，Cは筆記試験日後，Dは一次合格者発表後，Eはその他に行われることを示しています。また，重視度はA→きわめて重視する，B→重視する，C→参考程度の3段階で，主眼点はA→服装，B→態度，礼儀作法，C→ことばづかい，D→人柄，性格，E→返答内容，F→意欲，G→全般的な印象で表してあります。
★→面接をされた先生の感想，☆→面接をうけた児童・保護者の感想

地域	学 校 名	面接日	時間	面接方法	面 接 の 内 容
多摩市	大妻多摩中学校 （女）	A	15分	○個人面接 先生2人	得意不得意科目，入学後の抱負，小学校の思い出，移住国に関する内容 ※帰国生のみ実施 ★受験者全員が質問の意図をしっかり理解し，はっきりと答えてくれました。 ★笑顔で元気良く答えてくれる生徒は印象が良いです。 （重視度）B （主眼点）B，C，F，G
稲城市	駒沢学園女子中学校 （女）	A	10分	○個人面接 先生2人	志望理由，得意不得意科目，入学後の抱負，クラブ活動，趣味・特技，英語でのあいさつや簡単なやりとり ※英語入試のみ実施 ★ほとんどの受験生が前向きにかつ積極的に答えようとしていたように感じた。 ★質問に対する答えを簡単にすませようとせず，自分の言葉で一生懸命伝えようとしている姿に好印象を受けた。 （重視度）B （主眼点）E，F
清瀬市	東星学園中学校 （共）	A	10分	○個人面接 先生2人	入学後の抱負，学力検査の感想，学校の教育方針への理解，小学校の思い出，友人，通学塾，休日のすごし方，学校の印象 ★本校の教育への理解が感じられ，具体的な目的意識をもって受験されているようである。 ★型どおりの応答がみられる一方で，質問をきちんと受けとめ，よく考えて答える生徒もおり，好感がもてた。 （重視度）B （主眼点）G
西東京市	武蔵野大学中学校 （共）	A	15分	○個人面接 先生2人	志望理由，通学経路と時間，休日のすごし方，英検3級の面接レベルの質問など ※英語入試，帰国生入試のみ実施 ★こちらの質問が理解でき，スムーズに受け応えができる，ハキハキとしゃべる，面接に対する姿勢がしっかりしている，その質問に対しての回答になっている生徒は好印象。 （重視度）B （主眼点）B，D～F，英語力
	〔神 奈 川 県〕				
横浜市	青山学院横浜英和中学校 （共）	A	10分	○個人面接 先生2人	志望理由，入学後の抱負，小学校の思い出，学校の印象，海外生活について ※帰国生のみ実施 ★学校説明会の中で面接シミュレーションを見せているので，どの受験生もとまどうことなく落ちついて臨めていました。 ★多くの受験生が自分の意見や考えを自分の言葉で語ることができたようだ。 ★どうしてもわからないときはだまっていないで，「わかりません」とはっきり言ったほうがよい。 （重視度）C （主眼点）F，G

※上記面接日の欄で，Aは筆記試験当日，Bは筆記試験日前，Cは筆記試験日後，Dは一次合格者発表後，Eはその他に行われることを示しています。また，（重視度）はA→きわめて重視する，B→重視する，C→参考程度の3段階で，（主眼点）はA→服装，B→態度，礼儀作法，C→ことばづかい，D→人柄，性格，E→返答内容，F→意欲，G→全般的な印象で表してあります。
★→面接をされた先生の感想，☆→面接をうけた児童・保護者の感想

地域	学 校 名	面接日	時間	面接方法	面 接 の 内 容
横浜市	神奈川学園中学校 （女）	A	15分	○保護者同伴面接 先生2人	志望理由，得意不得意科目，入学後の抱負，学校の教育方針への理解，趣味・特技，小学校の思い出，長所短所，学校の印象 ※帰国生のみ実施 ★受験生の人柄や，これまでの体験を今後にどう活かしていくのか，中高生活をどう充実させていきたいかなどの意欲をみている。 （重視度）B （主眼点）D，E，F，G
	公文国際学園中等部 （共）	A	10分	○個人面接 先生2人	志望理由，得意不得意科目，入学後の抱負，クラブ活動，趣味・特技，小学校の思い出，友人，読書，自己PR，学校の印象，関心のあるニュース ※帰国生のみ実施 ★難しい質問をするわけではないので，日本語でしっかり受け答えができるようにしてほしい。 （重視度）C
	慶應義塾普通部 （男）	A	6分	○個人面接 先生3人	詳細非公表 ★模範回答にあるような受け答えが見受けられ，本当かな，と感じることがある。入学後，そのときの答えにしばられなければよいが…。
	聖ヨゼフ学園中学校 （共）	Aまたは B	10〜15分	○保護者同伴面接 先生2人	志望理由，得意不得意科目，入学後の抱負，小学校の思い出，長所短所，自己PR，（保護者へ）子どもを育てるうえで心がけてきたこと，カトリックに対しての考え，学校に何を期待するかなど ★コロナ禍で知らない大人とコミュニケーションをとることが少なくなっているせいか，やりとりがぎこちなかったり，自信なさげであったり，声が小さかったりする受験生が例年よりも少し多かった印象がある。 ★面接の最初に，自己アピールをしてもらう「自己アピール面接」を実施している。その際，同伴している保護者もびっくりするくらいしっかりした態度で発表できた受験生には，非常に良い印象を受けた。 ★受け答えが一問一答にならず，答えにプラスして何かを言える受験生は，非常に印象よく感じられる。 ☆落ち着いてありのままの自分を見せよう。 （重視度）C （主眼点）D，E，G
	捜真女学校中学部 （女）	Aまたは B	5〜7分	○個人面接 先生2人	志望理由，入学後の抱負，小学校の思い出，読書，長所短所，関心のあるニュース ★緊張したようすも見られるが，面接会場から出るときには笑顔で「楽しかった」という声をたくさん聞いた。 ★面接に際して着替える場所を要求する声が多いが，本校としては望ましいことではないと思っている。服装を見るわけではないので，着替えの必要もない。 ☆リラックスして，いつもの自分らしさを出してがんばって…。 （重視度）C （主眼点）G
	橘学苑中学校 （共）	A	10分	○個人面接 先生2人 ○保護者面接 先生2人	志望理由，得意不得意科目，小学校の思い出，長所短所 ※帰国生，英語インタビューアプローチのみ実施 （重視度）B （主眼点）B，C，F

※上記面接日の欄で，Aは筆記試験当日，Bは筆記試験日前，Cは筆記試験日後，Dは一次合格者発表後，Eはその他に行われることを示しています。また，（重視）はA→きわめて重視する，B→重視する，C→参考程度の3段階で，（主眼点）はA→服装，B→態度，礼儀作法，C→ことばづかい，D→人柄，性格，E→返答内容，F→意欲，G→全般的な印象で表してあります。
★→面接をされた先生の感想，☆→面接をうけた児童・保護者の感想

地域	学 校 名	面接日	時間	面接方法	面 接 の 内 容
横浜市	桐蔭学園中等教育学校（共）	A	25分	○グループ面接 {先生2人 生徒5人}	自己紹介，総合思考力問題についてのプレゼンテーション ※ＡＬ入試のみ実施 （重視度）A（主眼点）E，F，G
	武相中学校（男）	A	20分	○グループ面接 {先生2人 生徒5人}	志望理由，得意不得意科目，入学後の抱負，趣味・特技，小学校の思い出，長所短所 ★質問された内容に対して各自が自分の言葉，自分らしい表現で回答できていた。 ★ペーパーテストではわからない受験生のよい面を知ることができた。 ★中学入学後の目標や夢を自信をもって話してくれた受験生が好印象だった。 ★緊張すると思うが，ありのままの自分の姿を自分の言葉で一生懸命伝えようとする意欲や態度を評価する。 （重視度）B（主眼点）F，G
	横浜国立大学教育学部附属横浜中学校（共・国立）	A	5分 10分	○個人面接 先生2人 ○保護者面接 先生2人	詳細非公表
	横浜女学院中学校（女）	A	10分	○個人面接 先生2人	志望理由，入学後の抱負，小学校の思い出 ※帰国生のみ実施 （重視度）C（主眼点）F
	横浜翠陵中学校（共）	A	10分	○個人面接 先生2人	志望理由，自己ＰＲ，海外での経験 ※帰国生のみ実施 （重視度）C（主眼点）G
	横浜隼人中学校（共）	A	10分	○グループ面接 {先生2人 生徒2人}	志望理由，通学経路と時間，学校の教育方針への理解，小学校の思い出，趣味・特技，長所短所 ※自己アピール型入試のみ実施 （重視度）B（主眼点）B，C，E
	横浜雙葉中学校（女）	B	10分	○保護者同伴面接	志望理由，得意不得意科目，入学後の抱負，クラブ活動，趣味・特技，小学校の思い出，読書，長所短所，休日のすごし方，学校の印象，関心のあるニュース，（保護者へ）志望理由，学校の教育方針への理解と協力が得られるか ★本校に来校された際に，先生や生徒とふれあったことで志望校に決定された方が多いと感じた。 ★面接を，互いに出会う場とさせてもらっている。 （重視度）C（主眼点）G
川崎市	大西学園中学校（共）	A	10分	○個人面接 先生1人	志望理由，通学経路と時間，得意不得意科目，入学後の抱負，小学校の思い出，長所短所 ★落ち着きのある受験生は好印象だった。 ★リラックスして，普段の自分を出してほしい。 （重視度）A（主眼点）B～G

※上記面接日の欄で，Aは筆記試験当日，Bは筆記試験日前，Cは筆記試験日後，Dは一次合格者発表後，Eはその他に行われることを示しています。また，（重視度）はA→きわめて重視する，B→重視する，C→参考程度の3段階で，（主眼点）はA→服装，B→態度，礼儀作法，C→ことばづかい，D→人柄，性格，E→返答内容，F→意欲，G→全般的な印象で表してあります。
★→面接をされた先生の感想，☆→面接をうけた児童・保護者の感想

地域	学 校 名	面接日	時間	面接方法	面　接　の　内　容
川崎市	カリタス女子中学校 （女）	A	非公表	○保護者同伴面接 先生2人	志望理由，入学後の抱負，海外での生活のようすや将来の夢，（保護者へ）学校の教育方針への理解，家庭の教育方針，しつけ ★海外で行われた本校の説明会に参加してくださり，本校の教育理念や特徴をよく調べられていた。 ★入学後や将来の希望を明確にもち，はきはきとした受け答えのできる受験生は好印象だった。 ★志望理由や入学後の抱負，将来の希望，夢などのやりたいことを自分なりに話せるようにしてほしい。 ※帰国生のみ実施 (重視度) C (主眼点) B，F，適応力
	洗足学園中学校 （女）	A	10分	○個人面接 先生2人	入学後の抱負，小学校の思い出，関心のあるニュース ※帰国生のみ実施 ★知的好奇心の強く，英語も優秀な受験生が例年以上に集まった印象があります。 ★自分の思考を英語にする練習を積み，質問に対して暗記した答えではなく，臨機応変に的確に応答ができる受験生が好印象。 ★ペーパーバックや新聞など活字を読む習慣が大切です。また時事問題にも関心をもち，常に自分の意見や考えを言葉で表現する練習をしてください。 (重視度) B (主眼点) 本校の帰国生授業に対応できるだけの英語力があるかどうか
	桐光学園中学校 （別）	A	5分	○個人面接 先生1人	志望理由，通学経路と時間，得意不得意科目，入学後の抱負，学校の教育方針への理解，クラブ活動，趣味・特技，健康状態，長所短所，自己PR，関心のあるニュース ※一般3回B入試，帰国生のみ実施 ★詳細非公表 (重視度) B (主眼点) B，E，F
	日本女子大学附属中学校 （女）	A B （併願希望はAまたはB）	4分	○個人面接 先生3人	志望理由，得意不得意科目，入学後の抱負，学力検査の感想，クラブ活動，趣味・特技，小学校の思い出，読書，長所短所，家族，家庭での役割・手伝い，学校の印象，テレビ番組，関心のあるニュース ★事前面接の受験生は比較的余裕のある印象を受けました。筆記試験後の受験生の方がやや元気がないようでした。全体的に面接の練習はよくしてきているようでした。 ★質問に対して自分の言葉で誠実に答えてくれる受験生，明るく意欲的な受験生が好印象です。 ★自分の言葉で，中学校へ入ってからの楽しい学校生活への希望を語ってください！ (重視度) C (主眼点) B〜F
	法政大学第二中学校 （共）	A	15分	○保護者同伴面接 先生1人	詳細不明 ※帰国生のみ実施 (重視度) C
鎌倉市	鎌倉女学院中学校 （女）	A	10分	○保護者同伴面接 先生2人	志望理由，海外での生活について（英語），（保護者へ）志望理由，海外での生活について（日本語） ※帰国生のみ実施 (重視度) A (主眼点) F〜H（英語力）

※上記面接日の欄で，Aは筆記試験当日，Bは筆記試験日前，Cは筆記試験日後，Dは一次合格者発表後，Eはその他に行われることを示しています。また，(重視度)はA→きわめて重視する，B→重視する，C→参考程度の3段階で，(主眼点)はA→服装，B→態度，礼儀作法，C→ことばづかい，D→人柄，性格，E→返答内容，F→意欲，G→全般的な印象で表してあります。
★→面接をされた先生の感想，☆→面接をうけた児童・保護者の感想

地域	学 校 名	面接日	時間	面接方法	面 接 の 内 容
鎌倉市	鎌倉女子大学中等部（女）	A	15分	○個人面接 先生2人	志望理由，得意不得意科目，入学後の抱負，小学校の思い出，長所短所 ※帰国生のみ実施 ★受験生自身の言葉で志望動機や入学後の抱負などを話せるように準備して試験に臨めると良いです。 （重視度）B （主眼点）C，D，F
	清泉女学院中学校（女）	A	10〜15分 10〜15分	○個人面接 先生2人 ○保護者面接 先生2人	志望理由，趣味・特技，読書，海外経験について，外国語修得状況について ※グローバル入試，帰国生のみ実施 ★積極的に自分を表現しようとする人が好印象。 ☆面接は「質問されるもの」というより，「面接官との会話」と思った方が良い。 ☆親子3人で待っていて，子どもだけが先に呼ばれる。子どもが終わって退出後両親が入室する。面接官は男性と女性で，なごやかな感じでやさしかった。 （重視度）B （主眼点）D，英語の能力
藤沢市	慶應義塾湘南藤沢中等部（共）	D	非公表	○保護者同伴面接	詳細非公表 ※2次試験で実施 ☆面接の先生と楽しく会話できたが油断はダメです。態度面を重視しているようだった。
	湘南白百合学園中学校（女）	C	5分	○保護者同伴面接 先生2人	志望理由，学力検査の感想，小学校の思い出，（保護者へ）本校の教育方針の理解，家庭での教育 ※帰国生のみ実施 ★緊張することなく，のびやかに自己表現をされる受験生が多い印象でした。 ★自分の言葉ではきはきと，経験を語ることができ自身の未来についても考察をしようとしている受験生は，ぜひ入学して欲しいと思いました。 ★小学校時代の様々な経験を思い出してみよう。そこから，どんな「あなた」がみえてきましたか？過去をふり返ることで自分が大切にしてきた価値観を探究しつつ，未来への想いを，相手に伝わる表現で考えてみてください。 （重視度）C （主眼点）E
	聖園女学院中学校（女）	A	20分	○保護者同伴面接 先生2人	志望理由，入学後の抱負，海外生活で学んだこと，（保護者へ）本校の教育方針の理解，入学後日本の学校生活で不安な点や取り出し授業のご希望について ※帰国生のみ実施 ★緊張していても，挨拶を含め，しっかりした受け答えです。面接の中で，自分自身のことを明るく，楽しそうに話してくれます。終了時は，笑顔で退室されます。 ★質問に対する答えを暗記している形ではなく，自分の考えや思いを自然体で伝えることができる，答えが聞き取りやすい声の大きさである受験生が好印象です。 ★短い時間の中，限られた質問ですが，自信をもって臨み，面接官との対話・コミュニケーションを楽しんでください。「自分らしさ」を大切に！ （重視度）C （主眼点）試験という位置づけではないので特になし

※上記面接日の欄で，Aは筆記試験当日，Bは筆記試験日前，Cは筆記試験日後，Dは一次合格者発表後，Eはその他に行われることを示しています。また，（重視度）はA→きわめて重視する，B→重視する，C→参考程度の3段階で，（主眼点）はA→服装，B→態度，礼儀作法，C→ことばづかい，D→人柄，性格，E→返答内容，F→意欲，G→全般的な印象で表してあります。
★→面接をされた先生の感想，☆→面接をうけた児童・保護者の感想

地域	学校名	面接日	時間	面接方法	面　接　の　内　容
逗子市	聖和学院中学校 （女）	A	10分	○個人面接 先生2人	志望理由，入学後の抱負，海外での体験 ※帰国生のみ実施 ★多方面に興味関心をもっている印象。 ★明るく前向きな受験生が好印象。 ★緊張せず，明るくハキハキと面接を受けてほしい。海外での経験を生かしてほしい。 重視度 A　主眼点 F
相模原市	東海大学付属相模高等学校中等部 （共）	A	15分	○グループ面接 ｛先生2人 　生徒5人	志望理由，通学経路と時間，得意不得意科目，入学後の抱負，学力検査の感想，学校の教育方針への理解，クラブ活動，小学校の思い出，友人，健康状態，通学塾，長所短所，休日のすごし方，家庭での役割・手伝い，自己PR，学校の印象，1日の学習時間，関心のあるニュース ★不慣れの場合が多い面接について，緊張感をもって取りくもうとしているので，頑張ってほしいと願っていました。面接が終わってから，「言えた！」「終わった！」と緊張が解けた表情が印象的で，自分が出来ることを自分なりに表現出来た受験生がたくさんいたように思います。 ★礼儀正しく，一生懸命伝えようという姿勢で面接を受けている受験生が好印象です。一生懸命さは，声の大きさや面接官に伝えようと言葉を発している時などに伝わりました。入学してから「したい」こと，「取り組みたい」こと，「チャレンジしたい」ことを情報を調べて述べている意欲的な受験生が好印象でした。 ★慣れない面接は，受けること自体が「不安」になってしまうことがあります。志望した動機を言葉にしておいたり，中学に入学してからしたいことをあらかじめ言葉にしておくことで，不安は前向きな緊張感になります。普段から挨拶や礼儀を大切にして，自分が思ったり，考えたりしていることを相手に理解できるように伝えることをしていきましょう。それが面接に通じます！ 重視度 B　主眼点 B，E，F
伊勢原市	自修館中等教育学校 （共）	A	10分	○個人面接 先生2人	志望理由，通学経路と時間，得意不得意科目，入学後の抱負，学力検査の感想，趣味・特技，小学校の思い出，休日のすごし方 ※帰国生のみ実施 ★本校の帰国生入試における面接は，あくまで参考程度です。緊張するかもしれませんが，気負わず臨んでください。応援しています。 重視度 C　主眼点 コミュニケーションがとれるか否か
小田原市	相洋中学校 （共）	A	10分	○グループ面接 ｛先生2人 　生徒7人	志望理由，得意不得意科目，趣味・特技，友人，クラブ活動，読書，小学校の思い出，長所短所，関心のあるニュース，休日のすごし方，入学後の抱負，家庭での役割・手伝い，自己PR，学校の印象 ★筆記試験よりも緊張するという生徒が多かったようだが，始めに受験番号と名前を答えた時点でかなり安心できるようだ。 ★本校では，学校説明会で模擬面接を実施しているので，みなさん，落ちついて率直な考えや思いを述べてくれた。 重視度 B　主眼点 C，E，G，返答内容がしっかり伝わる話し方
横須賀市	横須賀学院中学校 （共）	A	15分	○保護者同伴面接 先生4人	志望理由，得意不得意科目，学校の教育方針への理解，小学校の思い出，長所短所，自己PRなど，（保護者へ）家庭の教育方針，本校の教育方針の理解 ※英語入試と帰国生入試で実施 ★かざらず，自分の言葉でていねいに受け答えができる生徒には好感が持てる。 ★緊張すると思いますが，自信を持って堂々と面接にのぞんでほしい。 重視度 B　主眼点 D，E

※上記面接日の欄で，Aは筆記試験当日，Bは筆記試験日前，Cは筆記試験日後，Dは一次合格者発表後，Eはその他に行われることを示しています。また，重視度はA→きわめて重視する，B→重視する，C→参考程度の3段階で，主眼点はA→服装，B→態度，礼儀作法，C→ことばづかい，D→人柄，性格，E→返答内容，F→意欲，G→全般的な印象で表してあります。
★→面接をされた先生の感想，☆→面接をうけた児童・保護者の感想

地域	学 校 名	面接日	時間	面接方法	面 接 の 内 容
足柄下郡	函嶺白百合学園中学校（女）	A	10分	○保護者同伴面接　先生3人	志望理由，得意不得意科目，趣味・特技，長所短所，しつけ，小学校の思い出，通学経路と時間，学力検査の感想，入学後の抱負，学校の教育方針への理解，家庭の教育方針，（保護者へ）学校の教育方針への理解，家庭での協力 ★「入学したい」という熱意が，服装，ことばづかい，立ち居振る舞い等から伝わってきた。 ★受験生が保護者の顔を見て助けを求める様子や，受験生より先に保護者が答えてしまうことは好ましくないと感じた。 　　　　　　　　　　　　　　（重視度）B（主眼点）A～G

〔千葉県〕

地域	学 校 名	面接日	時間	面接方法	面 接 の 内 容
千葉市	渋谷教育学園幕張中学校（共）	A	30分	○グループ面接{先生5人/生徒4人	詳細非公表 ※帰国生のみ実施 　　　　　　　　　　　　　（重視度）A（主眼点）不明
	県立千葉中学校（共）	E	20分	○グループ面接{先生2人/生徒5人	詳細非公表 ※2次検査で実施 　　　　　　　　　　　　　　　　　　　（重視度）A
	千葉明徳中学校（共）	A	5分 20分	○個人面接　先生2人　（一般） ○グループ面接{先生2人/生徒3～6人（適性検査型）	志望理由，通学経路と時間，通学塾，併願校，出欠状況，学校の志望度 ★将来の進路に対する目的意識や6年間の中高一貫教育を受けるための能力・適性・意欲を確認するものとします。自らの言葉ではきはきと答えられるように練習しましょう。 　　　　　　　　　　　　　（重視度）B（主眼点）A～G
松戸市	光英VERITAS中学校（共）	A	10分	○個人面接　先生2人	志望理由，通学経路と時間，入学後の抱負，クラブ活動，趣味・特技，小学校の思い出，健康状態，長所短所 ※第一志望入試と帰国生入試で実施 ★本校の教育についてもよく理解し，しっかりとした態度の生徒がほとんどでした。 ★入室して着席する間の姿勢や，感染防止のためマスクをしたままですが，応答の声や態度がしっかりとしたすがすがしさを感じる生徒が多くいました。 　　　　　　　　　　　　（重視度）B（主眼点）D，F
	専修大学松戸中学校（共）	A	5～10分	○個人面接　先生2人	詳細非公表 ※帰国生入試のみ実施 　　　　　　　　　　　　（重視度）B（主眼点）E，F
市川市	昭和学院中学校（共）	A	5分	○個人面接　先生2人	得意不得意科目，志望理由，小学校の思い出，休日のすごし方，出欠状況，入学後の抱負 ※推薦入試と帰国生入試で実施 ★面接対策をした受験生とそうでない受験生の対応の差がかなりあった。 　　　　　　　　（重視度）B（主眼点）B，C，E，G

※上記面接日の欄で，Aは筆記試験当日，Bは筆記試験日前，Cは筆記試験日後，Dは一次合格者発表後，Eはその他に行われることを示しています。また，（重視度）はA→きわめて重視する，B→重視する，C→参考程度の3段階で，（主眼点）はA→服装，B→態度，礼儀作法，C→ことばづかい，D→人柄，性格，E→返答内容，F→意欲，G→全般的な印象で表してあります。
★→面接をされた先生の感想，☆→面接をうけた児童・保護者の感想

地域	学 校 名	面接日	時間	面接方法	面 接 の 内 容
市川市	日出学園中学校 （共）	A	10分	○グループ面接 {先生2人 生徒4～5人	志望理由，通学経路と時間，得意不得意科目，入学後の抱負，学力検査の感想，学校の教育方針への理解，クラブ活動，趣味・特技，小学校の思い出，長所短所，学校の印象 ★マスク着用とアクリルパーテーションで仕切られた面接会場で受験生たちは大きな声でハキハキ質問に答えてくれました。 ★聞き取りやすい声の大きさで答えてくれた受験生は好印象でした。 （重視度）C（主眼点）受け答えの姿勢，態度
	和洋国府台女子中学校 （女）	A	10分	○グループ面接 {先生2人 生徒5人	志望理由，通学経路と時間，小学校の思い出，読書，長所短所 ※推薦入試のみ実施 （重視度）B（主眼点）G
柏市	二松学舎大学附属柏中学校 （共）	A	10分	○個人面接 先生2人	志望理由，入学後の抱負，趣味・特技，小学校の思い出，長所短所，自己PR ※第一志望入試のみ実施 （重視度）B（主眼点）B，D～G
	芝浦工業大学柏中学校 （共）	A	20分 15分	○個人面接 先生2人 （帰国生） ○グループ面接 {先生2人 生徒5人 （課題作文試験）	志望理由，入学後の抱負，長所短所，家庭での役割・手伝い （重視度）B（主眼点）B～E
野田市	西武台千葉中学校 （共）	A	5分	○個人面接 先生2人	志望理由，通学経路と時間，入学後の抱負，学力検査の感想，小学校の思い出，長所短所，出欠状況 ※第一志望のみ実施 ★質問に対する返答が年々きちんとしてきている。 ★特異な質問はないので，かまえずに受けてほしい。 （重視度）B（主眼点）E，F
木更津市	暁星国際中学校 （共）	A	5～ 10分	○個人面接 先生2人	志望理由，入学後の抱負，小学校の思い出，テレビ番組 ★大部分の受験生はしっかりとした受け答えができていた。 ★返答に具体性があり，会話が円滑に進む受験生には好印象を受ける。また，話す際に視線を合わせられるとなお良い。 （重視度）A（主眼点）B～F
	志学館中等部 （共）	A	10分	○保護者同伴面接 先生2人	志望理由，入学後の抱負，学力検査の感想，小学校の思い出，友人，併願校，1日の学習時間，出欠状況，（保護者へ）学校の教育方針への理解 ★学校見学会で面接の主旨や方法を公開し，志望理由は必ず問うと事前に説明してあるので，元気よく自分の将来や夢を語ってくれた。 ★教育熱心な家庭が多く，特に家庭の教育方針をうかがうと傾聴に値することがたくさんある。私立に対する期待の大きさを強く感じた。 （重視度）B（主眼点）B，F，G
八千代市	秀明大学学校教師学部附属秀明八千代中学校 （共）	A	10分 10分	○個人面接 先生2人 ○保護者面談 先生2人	入学後の抱負，学力検査の感想，クラブ活動，趣味・特技，小学校の思い出，友人，健康状態，（保護者へ）学校の教育方針への理解，アレルギーの有無の確認，保護者からの質問受け付け （重視度）A（保護者面談は合否に影響なし）（主眼点）G

※上記面接日の欄で，Aは筆記試験当日，Bは筆記試験日前，Cは筆記試験日後，Dは一次合格者発表後，Eはその他に行われることを示しています。また，（重視度）はA→きわめて重視する，B→重視する，C→参考程度の3段階で，（主眼点）はA→服装，B→態度，礼儀作法，C→ことばづかい，D→人柄，性格，E→返答内容，F→意欲，G→全般的な印象で表してあります。
★→面接をされた先生の感想，☆→面接をうけた児童・保護者の感想

地域	学 校 名	面接日	時間	面接方法	面 接 の 内 容
八千代市	八千代松陰中学校 （共）	A	5分 7分	○個人面接 先生1人 （一般） ○保護者同伴面接 先生2人 （推薦）	志望理由，入学後の抱負，小学校の思い出，長所短所，自己ＰＲ，（保護者へ）学校の教育方針への理解 ★一生懸命な姿勢を感じた。 ★大部分の受験生は面接の経験がなく緊張していたが，リラックスさせてあげると子どもらしい素直な顔が見えた。 ★6年間一貫校の学校生活に対する明確な目標を持っている生徒には感心させられた。 重視度 C 主眼点 D，F
浦安市	東海大学付属浦安高等学校中等部 （共）	A	5分	○個人面接 先生2人	志望理由，入学後の抱負，学校の教育方針への理解，クラブ活動，趣味・特技，小学校の思い出，長所短所，関心のあるニュース ※推薦試験のみ実施 ★どの受験生も一生懸命，問いに答えてくれた。 ☆面接官の顔をじっと見てはきはきと答えること。うそをつかないで正直に答えよう。 重視度 B 主眼点 G
さ い た ま 市	〔埼 玉 県〕				
	青山学院大学系属浦和ルーテル学院中学校 （共）	A	10分	○グループ面接 先生1人 生徒7人	志望理由，得意不得意科目，入学後の抱負，クラブ活動，小学校の思い出 ★全般的に好印象を受けた。 重視度 B 主眼点 G
	浦和実業学園中学校 （共）	A	10分	○個人面接 先生2人	得意不得意科目，学力検査の感想，趣味・特技，読書，自己ＰＲ ※英語入試のみ実施 ★ネイティブ教員が英語を介しての面接を行う。面接というよりはコミュニケーションの場という雰囲気である。 ★発音や文法の正確さよりも，積極的に英語で意思を伝えようとする姿勢を評価する。 重視度 B 主眼点 F
	市立大宮国際中等教育学校 （共）	A	15分	○グループ面接	詳細非公表 ※帰国生特別選抜・外国人特別選抜のみ実施 主眼点 本校の特色をふまえ，6年間一貫教育の中で学ぼうとする意欲や態度
	開智中学校 （共）	A	10分	○個人面接 先生3人	得意不得意科目，入学後の抱負，趣味・特技，小学校の思い出，休日のすごし方 ※帰国生のみ実施 ★帰国生のみの面接なので，滞在国での生活についてや帰国後の日本の学校との違いなどを聞くが，現地校へ通っていた受験生と日本人学校へ通っていた受験生とでは違いがあることが多い。 重視度 C 主眼点 F，G
	埼玉栄中学校 （共）	A	15分	○個人面接 先生1人	詳細非公表 ※帰国生のみ実施 重視度 A

※上記面接日の欄で，Aは筆記試験当日，Bは筆記試験日前，Cは筆記試験日後，Dは一次合格者発表後，Eはその他に行われたことを示しています。また，重視度 はA→きわめて重視する，B→重視する，C→参考程度の3段階で，主眼点 はA→服装，B→態度，礼儀作法，C→ことばづかい，D→人柄，性格，E→返答内容，F→意欲，G→全般的な印象で表してあります。
★→面接をされた先生の感想，☆→面接をうけた児童・保護者の感想

地域	学 校 名	面接日	時間	面接方法	面 接 の 内 容
さ い た ま 市	埼玉大学教育学部附属中学校（共・国立）	A	10分 10分	○個人面接 ○保護者面接	詳細は非公表 ※帰国生のみ実施 （重視度）B
	栄東中学校（共）	A	10分	○個人面接 先生1人	志望理由，友人，長所短所，在留経験で得たもの ※帰国生のみ実施 （重視度）C （主眼点）G
川 越 市	秀明中学校（共）	A AまたはB	15分 不明	○個人面接 先生2人 ○保護者面談	志望理由，通学経路と時間，得意不得意科目，入学後の抱負，学力検査の感想，学校の教育方針への理解，クラブ活動，趣味・特技，小学校の思い出，友人，読書，健康状態，通学塾，長所短所，家族，しつけ，休日のすごし方，家庭での役割・手伝い，自己PR，学校の印象，併願校，1日の学習時間，小学校の校長・担任の名前，出欠状況，テレビ番組，関心のあるニュース，寮生活について （重視度）B （主眼点）F
新 座 市	西武台新座中学校（共）	E （事前課題提出後）	10分	○保護者同伴面接 先生3人	志望理由，得意不得意科目，入学後の抱負，学校の教育方針への理解，趣味・特技，小学校の思い出，長所短所 ※帰国生のみ実施 ★受験生，保護者が本校の教育をよく理解されており，志望度の高さが感じられた。 ★コミュニケーションがしっかりとれる，保護者と家庭内での対話がよくなされている受験生は好印象。 ★本校の面接は，面接というよりは面談のような形式です。言葉のキャッチボールがきちんとできれば心配はありません。ぜひ積極的にチャレンジしてください。 （重視度）A （主眼点）F，G
	立教新座中学校（男）	A	10分	○個人面接 先生2人	志望理由，入学後の抱負，小学校の思い出，友人 ※帰国生のみ実施 （重視度）A
本 庄 市	本庄第一中学校（共）	A	5分	○保護者同伴面接 先生2人	詳細は不明 ※専願入試のみ実施 （重視度）B （主眼点）B～G
	本庄東高等学校附属中学校（共）	A	15分	○保護者同伴面接 先生2人	志望理由，入学後の抱負，学力検査の感想，学校の教育方針への理解，趣味・特技，学校の印象（保護者へ）本校の教育方針の理解 ※帰国生のみ実施 （重視度）C （主眼点）D，G

※上記面接日の欄で，Aは筆記試験当日，Bは筆記試験日前，Cは筆記試験日後，Dは一次合格者発表後，Eはその他に行われることを示しています。また，（重視度）はA→きわめて重視する，B→重視する，C→参考程度の3段階で，（主眼点）はA→服装，B→態度，礼儀作法，C→ことばづかい，D→人柄，性格，E→返答内容，F→意欲，G→全般的な印象で表してあります。
★→面接をされた先生の感想，☆→面接をうけた児童・保護者の感想

地域	学 校 名	面接日	時間	面接方法	面 接 の 内 容
飯能市	自由の森学園中学校（共）	A	30分	○グループ面接 生徒5人（A・C入試）	詳細は非公表 ★自分の言葉で自分の考えを素直に表現してほしい。
			15分	○個人面接（B入試）	
	聖望学園中学校（共）	A	7分	○個人面接 先生2人	詳細は非公表 ※専願希望者のみ個別面接またはグループ面接を実施 ★協調性やコミュニケーション能力を主に見るので，面接官のリードに合わせて，緊張せずに会話ができればいいと考え，準備をしておいてほしい。 ★準備をしてきたと思われる内容についてはしっかり受け答えできるが，その場で考えをまとめて答えられる力のある生徒は減ってきているようだ。 重視度 B 主眼点 B〜D，F
			15分	○グループ面接 ｛先生3〜4人 生徒5人	
越谷市	獨協埼玉中学校（共）	A		○個人面接 先生2人	学力検査の感想，趣味・特技，小学校の思い出，健康状態，長所短所，海外での生活と帰国後の生活について感じていること ※帰国生のみ実施 ★日本人・ネイティブの両教員に対してもてる英語力で素直に話してくれています。 ★日本から現地に渡った児童は海外での生活で不安に思ったこと，元々海外にいて日本へ帰国するのが初めての児童は日本での生活に不安なことなど，感想や思っていることを素直に話している受験生に好感がもてます。 重視度 B（加点の判断基準とする） 主眼点 G
蕨市	武南中学校（共）	A	10分	○個人面接 先生2人	志望理由，通学経路と時間，入学後の抱負，趣味・特技，小学校の思い出，長所短所，休日のすごし方，家庭での役割・手伝い，自己PR ※第4回・第5回のみ実施 ★塾などで面接指導や面接練習を受けているか否かがはっきりしている。 ★明瞭でハキハキ返答ができ，素直な考え方の受験生や，自分の考えを自分の言葉で表現できる受験生は好印象。 ★質問に正対した返答を心がけ，素直に自らの考えを述べられるようにしましょう。 重視度 B（点数化して筆記試験得点に加点） 主眼点 B，C，E，F
志木市	細田学園中学校（共）	A	15分	○個人面接 先生2人（適性検査型）	志望理由，通学経路と時間，入学後の抱負，学力検査の感想，学校の教育方針への理解，小学校の思い出，長所短所，学校の印象 ※適性検査型入試・帰国生のみ実施
			15分	○保護者同伴面接 先生2人（帰国生）	重視度 A 主眼点 C〜G

※上記面接日の欄で，Aは筆記試験当日，Bは筆記試験日前，Cは筆記試験日後，Dは一次合格者発表後，Eはその他に行われることを示しています。また，重視度はA→きわめて重視する，B→重視する，C→参考程度の3段階で，主眼点はA→服装，B→態度，礼儀作法，C→ことばづかい，D→人柄，性格，E→返答内容，F→意欲，G→全般的な印象で表してあります。
★→面接をされた先生の感想，☆→面接をうけた児童・保護者の感想

地域	学校名	面接日	時間	面接方法	面接の内容
入間郡	埼玉平成中学校 （共）	A	10分	○個人面接 先生2人	志望理由，得意不得意科目，入学後の抱負，学力検査の感想，小学校の思い出，学校の印象 ※専願生のみ実施 ★どの受験生も塾あるいはご家庭などでしっかりと練習をしていただいているようで，きちんとした態度で受け答えができていました。 ★普段着での面接で可ですが，ブレザーとワイシャツをきちんと着用してくれていた受験生には好感がもてました。 ★本校入学後にがんばりたいことや，将来こんな仕事につきたいなどをしっかり述べられると良い面接点が得点できると思います。 （重視度）B （主眼点）F，G
北葛飾郡	昌平中学校 （共）	A	5分	○個人面接 先生2人	志望理由，通学経路と時間，入学後の抱負，学力検査の感想，趣味・特技，読書 ※帰国生のみ実施 （重視度）B （主眼点）D～G
北足立郡	県立伊奈学園中学校 （共）	E	10分	○個人面接	詳細は非公表 ※第2次選考で実施 ★入学したいという強い希望が伝わってくる受験生が多かった。 ☆大きな声でハキハキと答えられたのでよかった。
	国際学院中学校 （共）	A	7分	○個人面接 先生2人	志望理由，入学後の抱負 ※専願入試のみ実施 （重視度）B
〔茨城県〕					
水戸市	茨城中学校 （共）	A	15分	○グループ面接 ｛先生2人 ｛生徒5人 （第1回B方式）	志望理由ほか ※第1回B方式・帰国生のみ実施
			15分	○個人面接 先生2人 （帰国生入試）	（重視度）B （主眼点）A～G
	水戸英宏中学校 （共）	A	20分	○グループ面接 生徒5人 （第1回・第3回適性検査型）	詳細は不明 ※第1回・第2回推薦・第3回適性検査型のみ実施
			10分	○個人面接 （第2回推薦）	（重視度）B

※上記面接日の欄で，Aは筆記試験当日，Bは筆記試験日前，Cは筆記試験日後，Dは一次合格者発表後，Eはその他に行われることを示しています。また，（重視度）はA→きわめて重視する，B→重視する，C→参考程度の3段階で，（主眼点）はA→服装，B→態度，礼儀作法，C→ことばづかい，D→人柄，性格，E→返答内容，F→意欲，G→全般的な印象で表してあります。
★→面接をされた先生の感想，☆→面接をうけた児童・保護者の感想

地域	学 校 名	面接日	時間	面接方法	面 接 の 内 容
日立市	茨城キリスト教学園中学校 （共）	A	7分	○個人面接 先生2人 （単願，帰国生） ○グループ面接 先生2人 生徒4〜5人 （適性検査型） ○保護者面接 （帰国生）	志望理由，得意不得意科目，入学後の抱負，学力検査の感想，趣味・特技，長所短所，（保護者へ）学校の教育方針の理解，家庭での教育，本人の性格，日本の学校教育への適応度 ★自分の将来の夢や希望進路をはっきり述べられる受験生，入学後の生活を明るく前向きに述べられる受験生には好感が持てる。 重視度 B 主眼点 A〜G，総合的に判断
			20分		
			7分		
	県立日立第一高等学校附属中学校 （共）	A	20分	○グループ面接 先生3人 生徒5人	志望理由ほか 重視度 B 主眼点 E
土浦市	県立土浦第一高等学校附属中学校 （共）	A	20分	○グループ面接 生徒5人程度	学習への意欲や中高一貫の学校生活への適性ほか
	土浦日本大学中等教育学校 （共）	A	20分	○個人面接 先生2人 （ACE，帰国・国際） ○グループ面接 先生2人 生徒6人 （ICL，ISAT） ○保護者面接 先生2人 （帰国・国際A）	志望理由，入学後の抱負，学校の教育方針への理解，趣味・特技，小学校の思い出，（保護者へ）学校の教育方針への理解，家庭での教育，家庭環境 ★練習の跡が見受けられ，さまざまな角度からの質問にもある程度対応できている。 ★ハキハキと自分の考えを述べたうえで，他者の意見にも耳を傾けることのできる受験生には好感が持てる。 重視度 B 主眼点 D，F，G
			20分		
			20分		
古河市	県立古河中等教育学校 （共）	A	不明	詳細非公表	詳細非公表
龍ヶ崎市	県立竜ヶ崎第一高等学校附属中学校 （共）	A	20分	○グループ面接 先生2人 生徒5人	課題にもとづいて話し合い，発表をする形式 重視度 B 主眼点 E
下妻市	県立下妻第一高等学校附属中学校 （共）	A	20分	○グループ面接 生徒5〜6人	詳細非公表

※上記面接日の欄で，Aは筆記試験当日，Bは筆記試験日前，Cは筆記試験日後，Dは一次合格者発表後，Eはその他に行われることを示しています。また，重視度はA→きわめて重視する，B→重視する，C→参考程度の3段階で，主眼点はA→服装，B→態度，礼儀作法，C→ことばづかい，D→人柄，性格，E→返答内容，F→意欲，G→全般的な印象で表してあります。
★→面接をされた先生の感想，☆→面接をうけた児童・保護者の感想

地域	学 校 名	面接日	時間	面接方法	面 接 の 内 容
つ く ば 市	県立並木中等教育学校（共）	A	20分	○グループ面接 先生2人 生徒5〜6人	詳細非公表 重視度 A 主眼点 E
	茗溪学園中学校（共）	B	10分	○個人面接 先生1人 （AC，MGの2回一般4科と3回一般総合の入寮希望者・国際生，それ以外は全員）	志望理由，入学後の抱負，趣味・特技，小学校の思い出，長所短所，自己PR，関心のあるニュース，（保護者へ）家庭での教育，本人の性格 ★しっかりと話のできる受験生が多く見られ，感心した。 ★自分の言葉で経験したことや学んだことを話せる受験生には好感が持てる。
			5分	○保護者同伴面接 先生1人 （AC，MGの1回推薦と2回一般4科と3回一般総合の入寮希望者・国際生，それ以外は全員）	 重視度 B 主眼点 D〜F
牛 久 市	東洋大学附属牛久中学校（共）	A	15分	○グループ面接 先生2人 生徒5人	志望理由，得意不得意科目，入学後の抱負，クラブ活動，趣味・特技，小学校の思い出 重視度 C 主眼点 B〜D
筑 西 市	県立下館第一高等学校附属中学校（共）	A	不明	○グループ面接	詳細非公表
石 岡 市	青丘学院つくば中学校（共）	A	10分 15分	○個人面接 先生6人 ○保護者面接 先生6人	志望理由，得意不得意科目，入学後の抱負，学力検査の感想，小学校の思い出，長所短所，家族，家庭での役割・手伝い，（保護者へ）学校の教育内容への理解，家庭の教育方針，本人の性格 重視度 A 主眼点 D〜F
鉾 田 市	県立鉾田第一高等学校附属中学校（共）	A	20分	○グループ面接 先生3人 生徒5人	志望理由，与えられたテーマについての意見発表およびディスカッション 重視度 B
つ く ば み ら い 市	開智望中等教育学校（共）	A	10分	○個人面接 先生2人 （専願，帰国生）	志望理由，通学経路と時間，得意不得意科目，入学後の抱負，学校の教育方針への理解，趣味・特技，小学校の思い出，友人，長所短所，関心のあるニュース，関心のあるトピックとそれについて学んでいること 重視度 C 主眼点 E，F

※上記面接日の欄で，Aは筆記試験当日，Bは筆記試験日前，Cは筆記試験日後，Dは一次合格者発表後，Eはその他に行われることを示しています。また，重視度はA→きわめて重視する，B→重視する，C→参考程度の3段階で，主眼点はA→服装，B→態度，礼儀作法，C→ことばづかい，D→人柄，性格，E→返答内容，F→意欲，G→全般的な印象で表してあります。
★→面接をされた先生の感想，☆→面接をうけた児童・保護者の感想

地域	学校名	面接日	時間	面接方法	面　接　の　内　容
常陸太田市	県立太田第一高等学校附属中学校（共）	A	20分	○グループ面接 { 先生2人 生徒5人	志望理由ほか
〔栃　木　県〕					
足利市	白鷗大学足利中学校（共）	A	6～8分	○個人面接 先生2人	志望理由，得意不得意科目，入学後の抱負，学力検査の感想，クラブ活動，趣味・特技，小学校の思い出，友人，健康状態，家族，しつけ，休日のすごし方，家庭での役割・手伝い，学校の印象，併願校，1日の学習時間，出欠状況 （重視度）A（主眼点）B～G
栃木市	國學院大學栃木中学校（共）	A	10分	○個人面接 先生2人	志望理由，入学後の抱負，学校の教育方針への理解，小学校の思い出，家族，単願の確認 ★どの受験生も，練習を積んだうえで面接に臨んでいる印象を受けた。 ★笑顔で受け答えのできる受験生には好感が持てる。 （重視度）C（主眼点）G
佐野市	佐野日本大学中等教育学校（共）	A	5分	○個人面接 先生2人	志望理由，得意不得意科目，入学後の抱負，趣味・特技，小学校の思い出，友人，健康状態，長所短所，併願校，1日の学習時間，出欠状況 （重視度）B（主眼点）A～F
〔宮　城　県〕					
仙台市	秀光中学校（共）	AまたはB	10分 10分	○個人面接 先生2人 ○保護者同伴面接 先生2人	志望理由，入学後の抱負，学校の教育方針への理解 ★本校へ入学したいという気持ちが強い受験生が多かった。 ★自分の考えをしっかりと答えることができる受験生や，中学校だけでなく，その先（自分の将来）を考えている受験生は好印象。 ★本校へ入学して，何をやりたいか（入学後の目標）をしっかり持つようにしてください。 （重視度）B（主眼点）B，E，F，G
〔岐　阜　県〕					
瑞浪市	麗澤瑞浪中学校（共）	A	10分	○個人面接 先生2人	志望理由，得意不得意科目，入学後の抱負，学校の教育方針への理解，小学校の思い出，友人，長所短所，出欠状況 ★面接の準備をしている受験生が多い。 ★本校を理解したうえで，自分の目標や夢を本校での学校生活にむすびつけている受験生は好印象。 ★面接ではあわてなくてよいので，はっきり思った事を言えるように準備してください。 （重視度）B（主眼点）E，F
〔奈　良　県〕					
北葛城郡	西大和学園中学校（共）	A	非公表 非公表	○個人面接 ○グループ面接	詳細非公表 ※英語重視型入試，外国人のための入試，21世紀型特色入試で実施 （重視度）C

※上記面接日の欄で，Aは筆記試験当日，Bは筆記試験日前，Cは筆記試験日後，Dは一次合格者発表後，Eはその他に行われることを示しています。また，（重視度）はA→きわめて重視する，B→重視する，C→参考程度の3段階で，（主眼点）はA→服装，B→態度，礼儀作法，C→ことばづかい，D→人柄，性格，E→返答内容，F→意欲，G→全般的な印象で表してあります。
★→面接をされた先生の感想，☆→面接をうけた児童・保護者の感想

地域	学 校 名	面接日	時間	面接方法	面 接 の 内 容
	〔佐 賀 県〕				
唐津市	早稲田大学系属早稲田佐賀中学校（共）	A	10〜15分 10〜15分	○個人面接 ○グループ面接	詳細非公表 ★筆記試験以外で自分をアピールできる場なので，しっかりと話をする，相手に伝える，印象に残るなど，普段の生活の中で身につけてほしいと思います。 （重視度）筆記試験と合わせて総合的に判断 （主眼点）非公表
	〔鹿 児 島 県〕				
肝属郡	県立楠隼中学校（男）	A	非公表	○グループ面接 {先生３人 {生徒３人	志望理由，入学後の抱負，学校の教育方針への理解，趣味・特技，小学校の思い出，長所短所，自己ＰＲ ★自分の言葉で楠隼で頑張りたいという熱い思いを伝えて下さい。 （重視度）B （主眼点）B〜G

※上記面接日の欄で，Aは筆記試験当日，Bは筆記試験日前，Cは筆記試験日後，Dは一次合格者発表後，Eはその他に行われることを示しています。また，（重視度）はA→きわめて重視する，B→重視する，C→参考程度の３段階で，（主眼点）はA→服装，B→態度，礼儀作法，C→ことばづかい，D→人柄，性格，E→返答内容，F→意欲，G→全般的な印象で表してあります。
★→面接をされた先生の感想，☆→面接をうけた児童・保護者の感想

おもな中学の面接会場のようす

*過去数年にわたり各学校に対して行ったアンケート調査をベースに作成したものです。年度により変わることがありますのでご注意ください。

■愛国中学校（女） （東京都江戸川区）	■足立学園中学校（男） （東京都足立区）	■跡見学園中学校（女） （東京都文京区）	■頴明館中学校（共） （東京都八王子市）
★保護者同伴面接 面接官 ● ● 机 机 ◎　○ 保護者　受験生	★保護者同伴面接（第1回志入試のみ） 面接官 ● ● 机　机 ◎　○ 保護者　受験生	★保護者同伴面接（帰国生のみ） 面接官 ● ● 机 ◎　○ 保護者 受験生 ※英語コミュニケーション スキル入試は英語面接	★個人面接（帰国生のみ） 面接官 ● ● 机 ○ 受験生

■江戸川女子中学校（女） （東京都江戸川区）	■桜美林中学校（共） （東京都町田市）	■大妻中学校（女） （東京都千代田区）	■大妻多摩中学校（女） （東京都多摩市）
★個人面接 （英語特化型，帰国生のみ） 面接官 ● ● 机 ○ 受験生	★個人面接（帰国生のみ） 面接官 ● ● 机 ○ 受験生	★保護者同伴面接（帰国生のみ） 面接官 ● ● 机　机 机　机 ◎　○ 保護者 受験生	★個人面接（帰国生のみ） 面接官 ● ● 机 ○ 受験生

■大妻中野中学校（女） （東京都中野区）	■海城中学校（男） （東京都新宿区）	■学習院女子中等科（女） （東京都新宿区）	■神田女学園中学校（女） （東京都千代田区）
★保護者同伴面接（帰国生のみ） 面接官 ● ● 机 ○　◎ 受験生　保護者 ※英語試験は個人面接	★個人面接（帰国生のみ） 面接官 ● ● 机 ○ 受験生	★保護者同伴面接（帰国生のみ） 面接官 ● ● 机 ◎　○ 保護者 受験生	★個人面接（帰国生のみ） 面接官 ● ● 机 ○ 受験生

（注意）　○◎は椅子に座って，○◎は立ったまま面接を受けることを表します。

■北豊島中学校（女） （東京都荒川区）	■共栄学園中学校（共） （東京都葛飾区）	■暁 星 中 学 校（男） （東京都千代田区）	■共立女子第二中学校（女） （東京都八王子市）
★個人面接 面接官 ● ● ［机］ ○ 受験生	★個人面接 面接官 ● ● ［机］ ○ 受験生	★個人面接（帰国生のみ） 面接官 ● ● ［机］ ○ 受験生	★個人面接 （英語入試，帰国生のみ） 面接官 ● ● ［机］［机］ ○ 受験生

■国立音楽大学附属中学校（共） （東京都国立市）	■国本女子中学校（女） （東京都世田谷区）	■京 華 中 学 校（男） （東京都文京区）	■京華女子中学校（女） （東京都文京区）
★グループ面接 面接官 ● ● ［机］ ○ ○ ○ 受験生	★個人面接 面接官 ● ● ［机］ ○ 受験生	★個人面接（帰国生のみ） 面接官 ● ● ［机］ ○ 受験生 ※保護者面接もあり	★個人面接 面接官 ● ● ［机］ ○ 受験生 ※適性検査型は面接なし

■恵泉女学園中学校（女） （東京都世田谷区）	■光塩女子学院中等科（女） （東京都杉並区）	■攻玉社中学校（男） （東京都品川区）	■麹町学園女子中学校（女） （東京都千代田区）
★保護者同伴面接（帰国生のみ） 面接官 ● ● ［机］ ◎ ○ 保護者 受験生	★保護者同伴面接 面接官 ● ● ［机］ ◎ ○ ◎ 保護者 受験生 保護者	★保護者同伴面接（国際学級のみ） 面接官 ● ● ［机］ ◎ ○ 保護者 受験生	★個人面接（英語型のみ） 面接官 ● ● ［机］ ○ 受験生 ※帰国生入試は保護者同伴面接

■佼成学園女子中学校（女） （東京都世田谷区）	■国学院大学久我山中学校（別） （東京都杉並区）	■国士舘中学校（共） （東京都世田谷区）	■駒 込 中 学 校（共） （東京都文京区）
★個人面接（帰国生のみ） 面接官 ● ● ［机］ ○ 受験生	★個人面接（帰国生のみ） 面接官 ● ● ［机］［机］ ○ 受験生 ※保護者面接もあり	★個人面接 面接官 ● ● ［机］ ○ 受験生	★個人面接（帰国生のみ） 面接官 ● ● ［机］ ○ 受験生

（注意）　○◎は椅子に座って，○◎は立ったまま面接を受けることを表します。

■実践学園中学校（共） （東京都中野区）	■品川女子学院中等部（女） （東京都品川区）	■渋谷教育学園渋谷中学校（共） （東京都渋谷区）	■淑徳巣鴨中学校（共） （東京都豊島区）
★個人面接（LA＆Sクラスのみ） 面接官 ● ● ● 机 ○ 受験生 ※保護者面接もあり	★個人面接（帰国生のみ） 面接官 ● ● ● 机 ○ 受験生	★グループ面接（帰国生のみ） 面接官 ● ● 机 ○○○○○○ 受験生	★個人面接（帰国生のみ） 面接官 ● ● 机 ○ 受験生 ※保護者面接もあり
■順天中学校（共） （東京都北区）	■頌栄女子学院中学校（女） （東京都港区）	■城西大学附属城西中学校（共） （東京都豊島区）	■女子美術大学付属中学校（女） （東京都杉並区）
★個人面接（帰国生のみ） 面接官 ● ● 机 ○ 受験生	★保護者同伴面接（帰国生のみ） 面接官 ● ● 机 ◎ ○ 保護者 受験生	★個人面接 （英語技能入試，帰国生のみ） 面接官 ● ● ● 机 ○ 受験生	★個人面接 面接官 ● 机 ○ 受験生 ※帰国生は保護者面接もあり
■白百合学園中学校（女） （東京都千代田区）	■成蹊中学校（共） （東京都武蔵野市）	■成女学園中学校（女） （東京都新宿区）	■青稜中学校（共） （東京都品川区）
★保護者同伴面接（帰国生のみ） 面接官 ● ● 机 ◎ ○ 保護者 受験生	★個人面接 （国際学級，帰国生のみ） 面接官 ● ● 机 ○ 受験生	★保護者同伴面接 面接官 ● ● 机 ◎ ○ 保護者 受験生	★個人面接（帰国生のみ） 面接官 ● 机 ○ 受験生
■瀧野川女子学園中学校（女） （東京都北区）	■玉川聖学院中等部（女） （東京都世田谷区）	■貞静学園中学校（共） （東京都文京区）	■東海大学菅生高校中等部（共） （東京都あきる野市）
★個人面接 面接官 ● ● 机 ○ 受験生	★グループ面接 面接官 ● ● 机 机 机 机 机 ○ ○ ○ ○ 受験生 ※帰国生は個人面接	★個人面接 面接官 ● ● 机 ○ 受験生	★グループ面接 面接官 ● ● 机 ○ ○ ○ 受験生

（注意）　○◎は椅子に座って，○◎は立ったまま面接を受けることを表します。

■東京家政学院中学校(女) (東京都千代田区)	■東京女学館中学校(女) (東京都渋谷区)	■東京女子学園中学校(女) (東京都港区)	■東星学園中学校(共) (東京都清瀬市)
★個人面接 (英語資格, プレゼン入試ほか) 面接官 ● ● 机 ○ 受験生	★個人面接(帰国生のみ) 面接官 ● ● 机 ○ 受験生	★保護者同伴面接 面接官 ● ● 机 ◎ ◎ ○ 保護者 保護者 受験生	★個人面接 面接官 ● ● 机 ○ 受験生

■東邦音楽大学附属東邦中学校(共) (東京都文京区)	■トキワ松学園中学校(女) (東京都目黒区)	■中村中学校(女) (東京都江東区)	■日本工業大学駒場中学校(共) (東京都目黒区)
★保護者同伴面接 面接官 ● ● 机 ◎ ○ 保護者 受験生	★個人面接(帰国生のみ) 面接官 ● ● 机 ○ 受験生	★個人面接 (ポテンシャル, 帰国生のみ) 面接官 ● ● 机 ○ 受験生	★個人面接 (自己アピール, プレゼン型のみ) 面接官 ● ● 机 ○ 受験生

■日本体育大学桜華中学校(女) (東京都東村山市)	■広尾学園中学校(共) (東京都港区)	■富士見丘中学校(女) (東京都渋谷区)	■三田国際学園中学校(共) (東京都世田谷区)
★保護者同伴面接 面接官 ● ● 机 ◎ ○ 保護者 受験生	★個人面接 (帰国生, インターAGのみ) 面接官 ● ● 机 ○ 受験生	★個人面接(WILL入試のみ) 面接官 ● ● 机 ○ 受験生 ※帰国生は保護者同伴面接	★個人面接(帰国生ほか) 面接官 ● ● 机 ○ 受験生

■明星学園中学校(共) (東京都三鷹市)	■三輪田学園中学校(女) (東京都千代田区)	■武蔵野東中学校(共) (東京都小金井市)	■目白研心中学校(共) (東京都新宿区)
★グループ面接 面接官 ● ● 机 机 ○ ○ 受験生	★保護者同伴面接(帰国生のみ) 面接官 ● ● 机 机 机 机 ◎ ○ 保護者 受験生	★個人面接 面接官 ● ● 机 ○ 受験生 ※EE入試はグループ面接, 　AO入試は保護者面接もあり	★保護者同伴面接(帰国生のみ) 面接官 ● ● 机 ◎ ○ 保護者 受験生

(注意)　○◎は椅子に座って, ◯◎は立ったまま面接を受けることを表します。

■八雲学園中学校(共) (東京都目黒区)	■立教池袋中学校(男) (東京都豊島区)	■和 光 中 学 校 (共) (東京都町田市)	■和洋九段女子中学校(女) (東京都千代田区)
★保護者同伴面接(帰国生のみ) 面接官 ● 机 ◎　○ 保護者 受験生	★個人面接 面接官 ●　● 机 ○ 受験生	★個人面接 面接官 ●　● 机　机 ○ 受験生	★保護者同伴面接(帰国生のみ) 面接官 ●　● 机 ◎　○ 保護者 受験生
■大西学園中学校(共) (神奈川県川崎市)	■カリタス女子中学校(女) (神奈川県川崎市)	■公文国際学園中等部(共) (神奈川県横浜市)	■自修館中等教育学校(共) (神奈川県伊勢原市)
★個人面接 面接官 ● 机 ○ 受験生	★保護者同伴面接(帰国生のみ) 面接官 ●　● 机 ◎　○ 保護者 受験生	★個人面接(帰国生のみ) 面接官 ●　● 机 ○ 受験生	★個人面接(帰国生のみ) 面接官 ●　● 机 ○ 受験生
■聖セシリア女子中学校(女) (神奈川県大和市)	■清泉女学院中学校(女) (神奈川県鎌倉市)	■洗足学園中学校(女) (神奈川県川崎市)	■橘学苑中学校(共) (神奈川県横浜市)
★保護者同伴面接(帰国生のみ) 面接官 ●　● 机 ◎　○ 保護者 受験生	★個人面接(帰国生ほか) 面接官 ●　● 机 ○ 受験生 ※保護者面接もあり	★個人面接(帰国生のみ) 面接官 ●　● 机 ○ 受験生	★個人面接(帰国生ほか) 面接官 ●　● 机 ○ 受験生 ※保護者面接もあり
■桐蔭学園中等教育学校(共) (神奈川県横浜市)	■東海大学付属相模高等学校 中等部(共)　(神奈川県相模原市)	■桐光学園中学校(別) (神奈川県川崎市)	■日本女子大学附属中学校 (女)　(神奈川県川崎市)
★グループ面接(AL入試のみ) 面接官 ●　● 机 ○○○○○ 受験生	★グループ面接 面接官 ●　● 机 ○○○○○ 受験生	★個人面接 (第3回B，帰国生のみ) 面接官 ●　● 机 ○ 受験生 ※帰国生は面接官1人	★個人面接 面接官 ●　● 机 ○ 受験生

(注意)　○◎は椅子に座って，○◎は立ったまま面接を受けることを表します。

■武相中学校（男）	■聖園女学院中学校（女）	■暁星国際中学校（共）	■光英 VERITAS 中学校（共）
（神奈川県横浜市）	（神奈川県藤沢市）	（千葉県木更津市）	（千葉県松戸市）
★グループ面接	★保護者同伴面接（帰国生のみ）	★個人面接	★個人面接 （第一志望入試，帰国生のみ）
面接官 ● ●	面接官 ● ●	面接官 ● ●	面接官 ● ●
机	机 机 机 机 机 机	机 机	机
○ ○ ○ ○ ○	◎ ○ ◎	○	○
受験生	保護者 受験生 保護者	受験生	受験生

■志学館中等部（共）	■渋谷教育学園幕張中学校（共）	■西武台千葉中学校（共）	■日出学園中学校（共）
（千葉県木更津市）	（千葉県千葉市）	（千葉県野田市）	（千葉県市川市）
★保護者同伴面接	★グループ面接（帰国生のみ）	★個人面接（第一志望入試のみ）	★グループ面接
面接官 ● ●	面接官 ● ● ● ●	面接官 ● ●	面接官 ● ●
机	机	机 机	机
◎ ○	○ ○ ○ ○	○	○ ○ ○ ○ ○
保護者 受験生	受験生	受験生	受験生

■和洋国府台女子中学校（女）	■浦和実業学園中学校（共）	■開智中学校（共）	■埼玉栄中学校（共）
（千葉県市川市）	（埼玉県さいたま市）	（埼玉県さいたま市）	（埼玉県さいたま市）
★グループ面接（推薦入試のみ）	★個人面接（英語型のみ）	★個人面接（帰国生のみ）	★個人面接（帰国生のみ）
面接官 ● ●	面接官 ● ●	面接官 ● ● ●	面接官 ●
机	机 机 机	机	机
○ ○ ○ ○ ○	○	○	○
受験生	受験生	受験生	受験生

■栄東中学校（共）	■立教新座中学校（男）	■國學院大學栃木中学校（共）	■佐野日本大学中等教育学校（共）
（埼玉県さいたま市）	（埼玉県新座市）	（栃木県栃木市）	（栃木県佐野市）
★個人面接（帰国生のみ）	★個人面接（帰国生のみ）	★個人面接	★個人面接
面接官 ●	面接官 ● ●	面接官 ● ●	面接官 ● ●
机	机 机	机	机
○	○	○	○
受験生	受験生	受験生	受験生

（注意）　○◎は椅子に座って，○◎は立ったまま面接を受けることを表します。

有名中学 実技試験の具体例

　有名中学の入試の内容を調べてみると，実技試験を実施している学校は思いのほか少ないことがわかります。実技は評価が難しいこと，受験者の多い学校などでは時間と労力の制約の問題などが，こういった傾向を生んでいるのでしょう。実技試験が入試としてふさわしいものかどうかということは，中学入試はもとより大学入試においてもいろいろと問題にされています。とはいえ現在，実技はペーパーテストを補い，選抜を総合的にするものとして意義があるという評価が与えられてきています。しかし，先にあげたような現実的課題が障害として立ちはだかっているため，今後，実技を取り入れる学校が大幅に増えるとは考えられないのが実情です。

　ここでは，実技試験を実施している中学のいくつかを調査してみました。このなかで実技試験を重視している中学は，慶應義塾中等部，同普通部，国立音楽大学附属中学校などです。一方，身体検査（健康診断）の一環として運動能力が試される中学では，合否判定への影響はさほど大きくないと考えられます。

※過年度実施分を掲載してあります。また，年度により内容が変わりますのでご注意ください。

学　校　名	最　近　の　課　題
〔埼　玉　県〕	
埼玉平成中学校	【ＳＴＥＭ】　所要時間30分程度。　○基礎的なプログラミング ※ＳＴＥＭ入試のみ
自由の森学園中学校	授業を受けて，感想や自己評価を文章で書く。 【体育】　所用時間90分。　○マット運動の授業を通じ，課題となる技を習得していく中で変化していく身体の感覚を感じとる。 【音楽】　所要時間90分。　○合唱曲に皆でとり組む。他者といっしょにひとつのうたをつくり上げていく過程に重点をおく。 【美術】　所要時間110分。　○「見ること」を大切にした絵画の授業を行い，ねらいに沿って絵をかく。 ※Ａ・Ｂ入試のみ
〔東　京　都〕	
上野学園中学校	【音楽】　所要時間約30分。　○共通科目（ソルフェージュ），専門実技（ピアノ，弦楽器，管楽器，打楽器，声楽より選択） ※音楽コースのみ
国立音楽大学附属中学校	【音楽】　所要時間5分。　○専門実技（ピアノ，弦楽器，管楽器，打楽器，オルガン，電子オルガン，声楽より選択）　○視唱—16小節程度の旋律を視唱する。 ※演奏・創作コースのみ
慶應義塾中等部	【体育】　所要時間約30分。　○マット運動（前転・後転・開脚前転など）　○ジグザグドリブル（サッカーボールかバスケットボールをドリブルしながら決められたコースを数回往復する）　○キャッチボール（バレーボールを使って中等部の生徒とショルダーパスしあう）　○50m走（体育館内の片道25mのコースを全力で往復し，タイムを計る）　○縄とび（好きなとび方で20〜30秒間行う）　○リズム運動（指示されたとおりに，録音テープに合わせて演技する）〈以上，参考〉
自由学園中等科	【集団考査】　体育や図工（年度によって異なる）を通して，協力して課題にとり組めるか，自分で考えて行動できるか，などを見る。
女子聖学院中学校	【自己紹介】　所要時間5〜7分。　○小学校6年間で一番成長した体験を語る。 ※ＢａＭ表現力入試のみ 【英語課題文暗唱】　○事前に発表されている英語の課題文を暗唱する。 ※英語表現力入試のみ

学　校　名	最　近　の　課　題
東京大学教育学部附属中等教育学校	【図工】　○条件に従って折り紙に図柄をかく。　○見取図などを参考にして，工作用紙を使い立体図形を作る。　○紙とたこ糸を使って指示通りに模型を作る，など毎年内容が異なる。 ※一般選抜で実施。
東京立正中学校	【ＳＤＧｓに関するプレゼンテーション】　○ＳＤＧｓに関連のある授業を受けた後にレポート(300字)を書き，プレゼンテーションを行う。 ※ＳＤＧｓ入試のみ
東邦音楽大学附属東邦中学校	【音楽】　所要時間10分(試験曲による)。　○歌唱(用意された５曲から１曲を選んで歌う)　○専門実技(ピアノ，声楽，管・弦・打楽器より選択)
都立白鷗高等学校附属中学校	【囲碁・将棋】　所要時間45分。　○専門棋士との対局 (他の分野は活動実績報告書やビデオ等により審査) ※特別枠募集の区分Ｂのみ
日本工業大学駒場中学校	【プレゼンテーション】　所要時間５分。　○３つのテーマから１つを選び，自分の意見をまとめてプレゼンテーションを行う。 ※プレゼンテーション型入試のみ
目白研心中学校	【グループワーク】　所要時間100分。　○与えられたテーマから，個人ワーク・グループワーク・発表を行い，思考力・判断力・表現力を問われる。 ※次世代スキル入試のみ
立教池袋中学校	【芸術】【体育】　所要時間７分。　○自己アピール面接で，芸術・体育のうち，得意なものを実技でアピールする(口頭表現による自己ＰＲでもよい)。 ※第２回のみ
〔神 奈 川 県〕	
北鎌倉女子学園中学校	【プログラミング】　所要時間70分。　○プログラミング言語 Scratch を使用して，指示された手順のプログラムを完成させる。 ※プログラミング入試のみ 【音楽】　所要時間５〜10分。　○実技先行別課題(ピアノ，管楽器，弦楽器，打楽器，声楽) ※音楽コースのみ
慶應義塾湘南藤沢中等部	【体育】　所要時間約20分。　○上体おこし(腹筋運動。マット上に上向きに寝てひざを立てて，20秒間で何回できるかを見る。先生が両足をおさえつけてくれる)　○50ｍシャトルランニング(お手玉が途中に置いてあり，それを拾って最後に箱に入れる。先生がタイムを計る。)　○鉄棒で逆上がり→マット上で前転→縄とび(前とびで５回)を連続して行う，など。〈以上，参考〉
慶應義塾普通部	【体育】　所要時間約10分。　○マット上で前転，開脚前転，後転を連続して行い，立ち上がる。　○両足３回とび，とび箱，マット運動(マット上で両足を使って３回続けてジャンプをし，とんだ距離を計る。次にマットの上にあるとび箱の上で前転し，最後にマット上に開脚前転して立ちあがる)など。手本として在校生が演技を見せる。受験生はその手本通りに行えばよい。〈以上，参考〉
湘南学園中学校	【動画の提出】　○「小学校時代に取り組んだこと」と「湘南学園に入学したら挑戦したいこと」について，90秒以内で本人が語るようすを動画にし，提出する。 ※湘南学園ＥＳＤ入試のみ
聖和学院中学校	【英語プログラミング】　所要時間105分。　○事前説明を受けたうえで，プログラミング学習アプリを使って与えられた課題のロボットを作成し，ネイティブの試験官に自分の作品を発表する。 【ビブリオバトル】　所要時間60分。　○ビブリオバトル(本の紹介と質疑応答)を行い，ふりかえりの感想文を書く。

有名中学＊作文実施校一覧

※過年度実施分を掲載してあります。また，年度により内容が変わりますのでご注意ください。

学 校 名	課 題	文字数	時 間	学 校 名	課 題	文字数	時 間
〔東 京 都〕				東京都市大学付属中学校	あなたが住んでいた海外の国で最も印象に残った人物について（帰国生Ａ方式の作文型）	自由	45分
都立三鷹中等教育学校	〔詩〕と〔文章〕を読み，「見えるもの」からその背後にある人の思いが伝わり，自分のものの見方や考え方が広がった経験を書く（適性検査Ⅰで実施）	350〜400字	45分				
				東邦音楽大学附属東邦中学校	音楽に関する課題	600〜800字	45分
大妻多摩中学校	SDGsに関する内容（帰国生）※総合進学入試	600字	50分	東洋大学京北中学校	自分を好きになることは重要か（第1回）	140〜150字	国語の試験に含む
学習院女子中等科	おもてなし（もてなし）とは，人に対する心のこもった対応を意味するが，あなたの家に来客があったさい,その人にどのようなおもてなしをしたいか（帰国生）	制限なし日本語か英語	50分	トキワ松学園中学校	二つの文章を読んで，「学び」について考えたことを述べる（適性検査型入試）	400〜500字	適性検査ⅠAの試験に含む
				ドルトン東京学園中等部	課題文を読んで，環境問題と石炭火力発電について述べる（一般入試の思考・表現型）	制限なし	50分
共立女子第二中学校	英語を使って取り組みたいこと（英語入試）	600〜800字	30分				
国立音楽大学附属中学校	今までの音楽体験や思い出をもとに,入学後の抱負を書く	400字	30分	宝仙学園中学校共学部理数インター	二つの文章の内容をふまえ，「学ぶことの意義」について考えることを述べる（公立一貫型入試）	350〜400字	適性検査Ⅰの試験に含む
渋谷教育学園渋谷中学校	なくなって困るものをあげ，理由や実際になくなって困った経験を具体的に書く（帰国生の作文型）	600〜800字	60分				
				三輪田学園中学校	課題文を読んで，感想を書く（帰国生）	不明	45分
成立学園中学校	写真を見て，課題と解決策を述べる（第4回）	350〜400字	50分	〔神 奈 川 県〕			
				川崎市立川崎高等学校附属中学校	自分と性格のちがう相手にどう接するか	300〜400字	適性検査Ⅰの試験に含む
玉川聖学院中等部	課題文を読んで自分の考えを書く（適性検査型入試）	400字	45分				
東京電機大学中学校	学校の授業をオンラインで行うことについて（第1回）	80〜100字	国語の試験に含む	神奈川学園中学校	「海外生活」に関わる題材にもとづく作文（帰国子女）	800字	50分

学　校　名	課　　題	文字数	時　　間	学　校　名	課　　題	文字数	時　　間
清泉女学院中学校	あなたの住んだ国で，その国の子どもの日常生活が，日本の子どもの日常生活とちがうと感じた具体例をあげたうえで，考えたことを述べる（帰国生）	不明	45分	浦和実業学園中学校	外国語を学習することは学習者にどのような効果をもたらすと思うか（適性検査型入試）	350～400字	適性検査Ⅰの試験に含む
聖ヨゼフ学園中学校	「小学校生活で成長した私」または自由作文（帰国生）	800字以内または英文で250語程度	事前提出	西武台新座中学校	海外生活で学んだこと（帰国生）	1000字	事前提出
				〔茨　城　県〕			
聖和学院中学校	あなたの22歳の夢について（帰国生）	400～600字	45分	茨城キリスト教学園中学校	資料と会話文を参考に，「日本人と外国人のどちらのコミュニケーションの仕方」がよいかについて考えを書く（適性検査型入試）	100～120字	適性検査Ⅱの試験に含む
〔千　葉　県〕							
芝浦工業大学柏中学校	人文社会系テーマと理数系テーマ（課題作文試験）	300～400字程度	各45分	清真学園中学校	レジ袋の有料化について（後期入試）	400～600字	50分
千葉明徳中学校	自分の役割を演じることは，現在の自分にどのような変化や成長をもたらすと思うか（適性検査型入試）	400～440字	適性検査Ⅰの試験に含む	〔栃　木　県〕			
				國學院大學栃木中学校	よりよい学校をつくる方法について（適性検査入試）	500～600字	50分
日出学園中学校	非公表（推薦入試）	400字	40分	白鷗大学足利中学校	不明（推薦入試）	400字	50分
八千代松陰中学校	これまでがんばってきたことや，自分の長所，入学後の抱負，将来の希望など（自己推薦入試）	不明	20分		「言葉の大切さ」（第1回一般）「よく生きる」ために普段の生活の中で「自立」しようとしていること（第2回一般）	160～200字	国語の試験に含む
〔埼　玉　県〕				〔宮　城　県〕			
県立伊奈学園中学校	「○○のために自分ができること」というテーマで文章を書く	160～200字	作文Ⅰの試験に含む	秀光中学校	「ユニバーサルデザインのまちづくり」について（適性検査型入試）	400～500字	50分
さいたま市立浦和中学校	文章や図表を読みとり，文章にまとめる	全部で850字程度	45分				

有名中学＊面接データ

●**質問内容トップ25**

順位	質問内容	割合
第1位	本校の志望動機	70.0%
第2位	入学後の抱負	68.3%
第3位	小学校生活の思い出・印象	60.8%
第4位	自分の長所・短所・性格	40.5%
第5位	趣味や特技	40.1%
第6位	得意・不得意科目	32.2%
第7位	学科試験の感想	31.3%
第8位	教育方針の理解	27.3%
第9位	本校の印象	18.9%
第9位	自己ＰＲ	18.9%
第11位	通学経路・時間	17.2%
第12位	友人関係	15.4%
第13位	最近読んだ本	12.8%
第14位	家庭の教育方針	11.5%
第14位	家庭での自分の役割	11.5%
第16位	関心ある最近のニュース・意見	10.6%
第17位	日曜日・休日の過ごし方	9.3%
第17位	併願校	9.3%
第19位	遅刻・欠席の回数と理由	6.6%
第20位	一日の学習時間	6.2%
第21位	しつけ	5.3%
第22位	健康状態	4.4%
第23位	通学塾	3.1%
第24位	小学校の校長・担任の名前	1.3%
第25位	テレビ番組	0.4%

●重視される点

順位	重視される点	割合
第1位	返答内容	52.0%
第2位	意欲	50.2%
第3位	全般的な印象	44.1%
第4位	人柄・性格	38.3%
第5位	態度・礼儀作法	31.7%
第6位	ことばづかい	23.8%
第7位	服装	9.3%

●面接の重要度

きわめて重視する	22.5%
重視する	49.3%
参考程度	28.2%

●生徒面接について

一般入試で実施	29.4%
帰国生入試で実施	38.4%
その他の入試で実施	19.9%
実施しない	38.7%

※「質問内容トップ25」「重視される点」「面接の重要度」は，面接実施校のうちアンケートが届いた227校から算出。「生徒面接について」は，アンケートが届いた全357校から算出。